Leila Eleisa Ayach

Die Erbauer des Goldenen Zeitalters

Entstehung neuer Strukturen

Bitte fordern Sie unser kostenloses Verlagsverzeichnis an:

Smaragd Verlag
In der Steubach 1
57614 Woldert (Ww.)
Tel.: 02684-97848-10
Fax: 02684-97848-20
E-Mail: info@smaragd-verlag.de
www.smaragd-verlag.de

Oder besuchen Sie uns im Internet unter der obigen
Adresse.

© Smaragd Verlag, 57614 Woldert (Ww.)
Deutsche Erstausgabe: Januar 2013
Zweite Auflage: Januar 2014
© Cover: ilolab – Fotolia.com
Umschlaggestaltung: preData
Satz: preData
Printed in Czech Republic
ISBN 978-3-941363-87-8

Leila Eleisa Ayach

Die Erbauer des Goldenen Zeitalters

Entstehung neuer Strukturen

Smaragd Verlag

Über die Autorin

Leila Eleisa Ayach beschäftigt sich seit ihrer Jugend intensiv mit der nichtsichtbaren Welt. Bereits in jungen Jahren begann sie, sich bewusst mit den Ursachen und Wirkungen, den karmischen Gesetzmäßigkeiten des weltlichen Lebens auseinanderzusetzen.

Zunächst beschäftigte sie sich intensiv mit verschiedenen Weltbildern, studierte viele philosophische Schriften und kam schließlich mit den Schriften des Sufismus in Berührung.

Die Durchgabe der Seelenverträge (Band 1 bis 3) bewirkten wiederum tiefe Transformationen in ihrem Leben. Darüber hinaus erhielt die Autorin weitere Botschaften über die Kinder der Neuen Zeit. Diese Botschaften sind unabhängig von den Seelenverträgen und stehen für sich, jedoch sind sie die Essenz der Seelenverträge.

Ihr tiefes Anliegen ist, den Mitmenschen zu helfen, sich wieder zu spüren und im Einklang mit der Seele und dem höchsten göttlichen Plan zu leben.

Leila Eleisa stammt aus Deutschland und lebt heute in der Schweiz bei Zürich.

Inhalt

Die Erbauer des Goldenen Zeitalters 7
- Eure Kinder..9
- Indigokinder..14
- Kristallkinder..18
- Regenbogenkinder..23
- Die Kinder der Kinder.....................................26

Lernen in der Neuen Zeit.....................................29
- Alte Strukturen...29
- Entstehung der neuen Strukturen...........................32
- Intuitionstraining 35

Das Netz...39
- Neue Organisationen.......................................39
- Eine Generation...43

Lady Gaia und die Kinder.....................................46
- Die Liebe zwischen Lady Gaia und den Kindern.....46
- Das Königreich der Tiere und die Kinder................52
- Das Königreich der Naturgeister und die Kinder 58

Die Kinder der Goldenen Stadt................................64
- Die Kinder und das Goldene Jerusalem.................64
- Botschaft von Jeshua 68
- Botschaft von Gott..71

Geschichten.....................................76
- Geschichten von Lady Gaia 76
- Geschichten aus dem Königreich der Tiere.............85
- Geschichten aus dem Königreich der
  Naturgeister 94

Nachwort 99

Energiebilder 100
- Visionen für eine Generation –
  Die neuen Strukturen.....................100
- Jeshua.....................101
- Die Liebe Gottes.....................102
- Lady Gaia 103
- Kristallstadt der Träumenden.....................104
- Anaisah und Adragon 105

Die Erbauer des Goldenen Zeitalters

Die Geistige Welt grüßt jeden Einzelnen von euch, denn ihr seid die Eltern der Kinder der Neuen Zeit. Und wir grüßen die Kinder der Neuen Zeit, die Indigo-, Kristall- und Regenbogenkinder. Dieses Buch ist für die Eltern, aber auch für die Kinder.

Auch wenn ihr ohne Kinder seid, ist es für euch bestimmt, denn es sind Informationen für alle. Viele neue Berufe, die entstehen, werden mit Kindern zu tun haben. Auch wenn ihr unter Umständen keine eigenen Kinder habt, könnt ihr in der einen oder anderen Form in den zukünftigen neu entstehenden Netzwerken arbeiten. Deswegen sind diese Botschaften so wichtig. Es geht um eine ganze Generation von Kindern und deren Familien. Jeder erhält Informationen.

Die Geistige Welt spricht hier als Gruppe. Wir sind die Erzengel, Engel und Aufgestiegenen Meister. Wir sind eure Geistführer und Mentoren. Und wir, die Geistige Welt, sind glücklich, euch diese Botschaften über Indigo-, Kristall- und Regenbogenkinder zu übermitteln. Ja, so nennen wir sie, die verschiedenen Gruppen, die schon lange auf Erden inkarniert sind. Die Ersten sind mittlerweile junge Erwachsene und – lasst uns an dieser Stelle sagen – manche der Eltern gehören auch zu diesen drei Gruppen. Auch ihr, die Erwachsenen, werdet euch wiedererkennen.

Oh, welche Freude, wieder durch das Medium Botschaften an euch zu richten und euch mit wichtigen Informationen zu versorgen. Wir wissen, dass die Erziehung eurer Kinder eine große Herausforderung für euch ist, aber auch ein großer Segen. Daher wollen wir euch helfen, damit ihr besser versteht und die Entwicklungen besser einordnen könnt. Wir wollen euch über wichtige Ereignisse und Entwicklungen in die Klarheit führen und euch einen Überblick verschaffen.

So öffnet euer Herz für diese Botschaften. Es genügt, dass ihr euer Herz öffnet und die Energien aufnehmt. Es sind die Energien von Indigo-, Kristall- und Regenbogenkindern – die Energien der Goldenen Stadt. Es sind die Energien des Goldenen Zeitalters. Die Energien des Himmelreiches auf Erden. Ja, so viel steckt dahinter. So viel.

Wir wissen, wer diese Zeilen liest. Wir wissen es.

Eure Kinder

Ja, eure Kinder sind alte weise Seelen aus dem ganzen Universum, von verschiedenen Planeten, verschiedenen Frequenzen – inkarnierte Erzengel, Engel, Aufgestiegene Meister. Sooft inkarniert auf Erden und nun wieder, und zwar freiwillig. Wie so viele von euch – ihr, die Eltern.

Weise Seelen, sehr weise Seelen mit einem Schatz an Wissen – unermesslich. Das sind sie, eure Kinder. Und gefeiert in der Geistigen Welt, denn sie erbauen das Neue Zeitalter. Sie tragen die Lösungen und Strukturen des Neuen Zeitalters in sich und sind ausgerichtet auf die neuen Strukturen, auf das Neue Zeitalter, auf das Goldene Jerusalem (siehe „Seelenverträge" Band 3). Und sie leiden unter diesen alten Strukturen, die jetzt aufbrechen, weil es nicht ihrer Seelenstruktur entspricht. Sie können sich nicht entfalten unter den jetzigen vorherrschenden Strukturen – deswegen brechen diese zusammen. Es funktioniert nicht mehr. Ihr werdet euch wundern, wie schnell sich das Schulsystem ändern wird. Aber es ist so, weil es nicht mehr funktioniert. Eure Kinder werden diese Strukturen durchbrechen. Schaut euch doch an, wie viele Kinder an angeblichen „Lernstörungen" leiden.

Je höher die Schwingung eines Kindes, desto höher der Leidensdruck, desto höher die „Lernstörung", wie ihr es nennt. In eurem Sprachgebrauch finden sich mehrere Begriffe dafür, wir brauchen sie euch an dieser Stelle nicht zu nennen. Sie beschreiben ein angebliches Defizit in der Verhaltensweise eurer Kinder, dabei weinen ihre Seelen. Manche Kinder können sich mit den bestehenden Strukturen arrangieren, sie haben einen Weg gefunden, sich zu schützen. Je sensibler und feinfühliger die Seele des Kindes jedoch ist, und je mehr sie verbunden ist mit der Geistigen Welt, desto schwieriger wird es für sie, desto größer, aus Sicht der Dualität, die „Defizite" und „Lernstörungen". Dabei ist die Seele auf die vollkommen neu entstehenden Strukturen ausgerichtet. Es geht dabei um die Vermittlung des Wissens des Lebens und nicht mehr um die Vermittlung von leerem Wissen.

Ein Beispiel: Könnt ihr euch noch an den Geschichtsunterricht erinnern? Wisst ihr tatsächlich noch genaue Daten? Könnt ihr euch an die Inhalte der Themen erinnern, für die ihr für so viele Prüfungen gelernt habt? Dabei spielt es keine Rolle, ob in der Schule, in der Ausbildung oder im Studium. So, und jetzt versucht euch an die vielen zwischenmenschlichen Erfahrungen zu erinnern, durch die ihr gelernt habt und an denen ihr gewachsen seid. Erinnert euch an eure Herausforderungen, bei denen ihr oft nicht wusstet, wie sie gelöst werden sollen, und an die Erfahrungen, wie ihr an die Lösung herangeführt worden seid. Diese Erfahrungen sind vorhanden und jederzeit abrufbar für euch, und ihr könnt sie an andere Menschen weitergeben. Das ist das Wissen des Lebens. Nur wer dieses Wissen hat, kann alles meistern. Und dieses Lernen, es hört nie auf.

Es geht nicht mehr um das Eintrichtern von Inhalten, nein, es geht darum, dass Instrumente mitgegeben werden. Instrumente, wie man zu Lösungen gelangt und wie man in Kontakt zum eigenen Seelenplan tritt und in dieser Verbindung bleibt. Instrumente, wie das ganze Potenzial der Seele entfaltet wird und sich so die Schöpferkraft voll und ganz entwickeln kann. Ja, darum geht es. Alles auf das Wesentliche zu bringen.

Ihr werdet euch wundern, wie schnell eure Kinder lernen, was innerhalb kürzester Zeit alles freigesetzt wird. Wie schnell sie Rechnen, Schreiben und Lesen lernen, wenn ihr alles auf das Wesentliche reduziert und euch auf die Vermittlung der Instrumente konzentriert und nicht mehr auf das Eintrichtern von leerem Wissen.

Das heißt nicht, dass sie keinen Unterricht mehr in Geschichte erhalten sollen. Es geht eher darum, dass durch das Wissen um die Seelenverträge, die Akasha-Chronik (Buch des Lebens) und die Gesetzmäßigkeiten des Lebens ein völlig neues, zusammenhängendes Denken entsteht, in dem spielerisch leicht die Zusammenhänge erkannt werden.

Das Erlernen einer ganzheitlichen Denkweise, das Wissen um die Gesetzmäßigkeiten des Lebens, lässt die Naturwissenschaften zu einem „Kinderspiel" für eure Kinder werden. Sie können problemlos in jedes Thema einsteigen und erkennen sofort die Zusammenhänge, da sie das Wissen über das Leben selbst haben.

Im Laufe dieser Botschaften werdet ihr mehr darüber erfahren. Wir möchten euch hier nur sagen, dass eure Kinder ein immenses Wissen und eine schöpferische Intelligenz haben, wie sie auf Erden so noch nie vorhanden war.

Und wir wollen euch, den Eltern, die sich momentan Sorgen machen, sagen: Ihr seid wunderbare Eltern mit wunderbaren Kindern. Ihr seid so gesegnet und geehrt. Bitte verurteilt euch nicht, wenn ihr euch Sorgen um eure Kinder macht.

Eure Kinder werden sich wunderbar entwickeln. Sie werden in Berufen arbeiten, für die es jetzt noch keine Begriffe gibt. Deswegen auch die Orientierungslosigkeit vieler Jugendlicher: Sie suchen ihren Beruf, den es noch nicht gibt, und sie verstehen auch nicht ihre Verwirrung, wodurch sie frustriert werden und mehr und mehr ihr Selbstwertgefühl verlieren. Dabei ist der für sie bestimmte „Beruf" noch nicht greifbar. Also suchen sie verzweifelt. Dabei sind sie es selbst, die diesen erschaffen werden, und dazu müssen sie sich erinnern.

Wir wissen, wie schwierig es für euch Eltern ist, wenn ihr eure Kinder nicht mehr erreichen könnt. Wir wissen es. Und deswegen geben wir diese Zeilen durch, weil wir euch mit euren Ängsten, Sorgen und Nöten nicht allein lassen möchten. Wir wollen euch helfen, in die Klarheit zu kommen, und genauso wollen wir euren Kindern helfen. Und in vielem, was wir jetzt schreiben, in dem es eigentlich um eure Kinder geht, werdet ihr feststellen, dass es euch teilweise nicht anders geht. Und es ist unsere Absicht, euch das zu zeigen. Auch wenn es hier um die Kinder der Neuen Zeit geht, geht es auch um euch. Das Potenzial, das Wissen eurer Kinder, ist auch euer Wissen. Auch ihr seid Indigo-, Kristall- und Regenbogenkinder – auch ihr. Nur musstet ihr euch im Unterschied zu euren Kindern einen großen Schutzmantel zulegen, damit ihr so lange in diesen alten Strukturen weilen konntet. Doch durch eure Kinder erfolgt der Weckruf, der diesen Schutzmantel zum Bröckeln bringt.

Ihr und eure Kinder seid so gesegnet und gefeiert.

Wir wissen wer diese Zeilen liest, wir wissen es.

Indigokinder

Indigokinder – ihr hört diesen Begriff nicht zum ersten Mal – er wurde euch bereits von einigen Medien durchgegeben. Indigo – genannt nach der Farbe der Aura dieser Kinder. Es ist die Farbe des göttlich erwachten Menschen auf Erden. Und mit dieser Aura kommen eure Kinder auf Erden. Indigo war die erste Welle.

Sie sind Krieger des Lichts und Systemsprenger. Viele von ihnen sind bereits junge Erwachsene. Sie sind wunderbar, aber sie sind auch Rebellen. Ja, das sind sie.

Sie sind die Systemsprenger, gekommen, um wachzurütteln und die jetzigen Strukturen zu sprengen. Wir wissen, dass die Erziehung euch vor große Herausforderungen stellt. Aber wenn ihr darum wisst, dass sie solche Charaktereigenschaften mitbringen mussten, könnt ihr es besser verstehen. Sie haben keine einfache Aufgabe, und es kostet sie sehr viel Kraft.

In dem Moment, wenn sie mit die neuen Strukturen errichten und in ihre wahre Berufung eintreten können –, in diesem Augenblick können sie das Rebellische ablegen. Glaubt uns, sie können sich selbst nicht verstehen. Sie begreifen selbst viele Verhaltensweisen nicht, die sie an den Tag legen, und erscheinen dadurch störrisch, zornig und unnahbar. Sie leiden darunter. Es ist wie ferngesteuert – sie wissen nicht, dass sie so handeln, sich so verhalten müssen, weil sie ja wachrütteln sollen – rütteln an alten Denkmustern, zum Hinschauen zwingen und den Spiegel für so viele Missstände vorhalten. Woher sollen sie es denn wissen, bedingt durch den Schleier des Vergessens, woher denn? Und woher sollt ihr, die Eltern, es wissen? Deswegen diese Botschaften. Aber wir wissen auch, dass ihr um das Potenzial eurer Kinder wisst. Wir wissen und sehen, wie ihr ihnen helfen wollt, ihren Weg zu finden. Ihr wollt einfach, dass sie glücklich sind, denn es sind eure Kinder. Und wir sagen euch: Auch wenn es oft schwierig ist und ihr nicht mehr weiter wisst, eure Kinder werden sich bestens entwickeln, bestens. Ihr werdet staunen, wie wunderbar sie sich entwickeln werden, und ihr werdet glücklich darüber sein, wie schön euer Verhältnis zu ihnen wird. Oh ja, es wird ein lebenslanges Band der Liebe und gleichzeitig der Freundschaft entstehen. Sie sind nicht nur eure Kinder, sondern auch eure besten Freunde.

Es ist uns wichtig, dass ihr darum wisst, wohin die Entwicklung geht. Es ist uns wichtig.

Und nun fragt ihr uns, wie ihr mit dem Rebellentum umgehen sollt, oder wenn sie euch nicht an sich heran lassen. Und wir sagen euch: Hört nicht auf, an sie zu glauben. Sendet es in euren Gefühlen und Gedanken aus und sprecht mit ihnen. Stülpt ihnen nicht alte Muster auf. Sie müssen ihren eigenen individuellen Weg finden, und die Strukturen müssen erst erschaffen werden, in denen sie sich voll und ganz entwickeln können. Seid für sie da, aber lasst sie innerlich los, sodass sie Raum für ihre Entwicklung spüren. Sagt ihnen, dass ihr an sie glaubt und um ihre Fähigkeiten wisst. Fördert sie darin, ihre Wünsche und Träume ernst zu nehmen, denn es sind die Elemente aus ihren Seelenplänen, wichtige Mosaiksteine für die neuen Strukturen des Neuen Zeitalters. Sie tragen die Lösungen in sich, denn sie sind die Vorhut, die die Systeme gesprengt haben und das Gerüst errichten werden. Nehmt ihre Wünsche und Sehnsüchte ernst, auch wenn sie euch noch so utopisch erscheinen – es sind ernst zu nehmende Wünsche, die Realität werden, die Mosaiksteine für den Aufbau des Neuen Zeitalters. Deswegen nehmt sie ernst.

Viele haben Probleme in der Schule und schaffen kaum den Abschluss. Ihr macht euch Sorgen, wie sie überhaupt einen Ausbildungsplatz finden sollen. Sie werden es, und viele werden außerhalb der Schule endlich aufblühen. So ist es. Ihr seid erstaunt, wie gut sie sich in vielen Bereichen auskennen und wie geschickt sie sind. Immer dort, wo es keine Bewertungen gibt, wo sie einfach nur sie selbst sein können. Jeder von ihnen ist einzigartig. Sie leiden einfach darunter, bestimmten Zwängen zu unterliegen.

Deswegen hört nicht auf, an eure Kinder zu glauben. Wir müssen es euch auch nicht sagen, denn ihr seid wunderbare und fürsorgliche Eltern. Wir wollen euch bloß das Licht zeigen, wenn ihr Kummer habt. Und langsam erkennt ihr auch, dass es euch oft auch nicht anders geht wie euren Kindern. Wollt ihr nicht auch aus so vielem ausbrechen? Halten sie euch nicht eigentlich einen Spiegel vor? Wie sieht es mit euren Träumen und Wünschen aus? Wie würdet ihr leben, wenn ihr ganz ihr selbst sein könntet – einfach nur vollkommen ihr selbst? Na, wie würde euer Leben aussehen?

Ja, ihr leidet genauso unter den alten Strukturen, und auch ihr seid Systemsprenger und fühlt euch in vielen Bereichen nicht wohl. Und auch euch sagen wir: Nehmt eure Wünsche und Sehnsüchte ernst, denn auch ihr seid die Erbauer des Neuen Zeitalters.

Wir wissen, wer diese Zeilen liest, wir wissen es.

Kristallkinder

Kristallkinder – schaut sie euch an. Schaut euch die Seelen der Kristallkinder an. Heilend, klar sehend, verspielt, liebend, schöpferische Energien. Schaut sie euch an – durchscheinend, stark, und gleichzeitig so verletzbar. Stärker als Stahl, zerbrechlicher als Glas. Und ja, auch ihr erkennt euch wieder, Wesenszüge von euch. Eure Kinder spiegeln euch eure wundersamen Fähigkeiten und machen auch euch darauf aufmerksam, wer ihr seid.

Zutiefst verbunden mit Lady Gaia, zutiefst verbunden mit dem Königreich der Tiere, zutiefst verbunden mit dem Königreich der Elementare. Das ist Kristall, das sind eure Kinder, das seid ihr. Dem Ganzen wohnt ein Zauber inne – Magie.

So erscheinen sie euch, wenn sie in das für euch nicht Sichtbare versunken sind –unsichtbare Welten, mit denen sie verbunden sind und an deren Schönheit ihr euch nicht mehr erinnern könnt. Wir flüstern Kristall, und ihr spürt, wie selbst unsere Sprache sich verändert und sich der Schwingung dieser wunderbaren und wundersamen Seelen anpasst. Viele von ihnen erscheinen euch wie aus Büchern – zierlich, zerbrechlich, und erinnern euch an Elementare, Feen gleich.

Viele sind aus dem Reich der Elementare, sie stammen aus unterschiedlichen Königreichen. Ebenso sind sie eng verbunden mit dem Königreich der Tiere und erinnern euch an die Freundschaft mit euren Geschwistern, den Tieren. Sie lehren euch die Kommunikation mit den Tieren, erinnern euch an dieses Wissen, das viele von euch vergessen haben.

Längst vergessene Rituale zur Kommunikation mit Lady Gaia, den Elementaren und den Tieren werden durch sie in euch wiedergeweckt.

Sie zeigen euch den Zauber der Natur und die verborgenen Welten – ihr habt vergessen, wie ihr dorthin gelangt. Sie zeigen es euch.

Wenn ihr um die vielen Wunder auf Erden und die vielen Welten auf diesem Planeten wüsstet. Wenn ihr um die Vielfalt des Lebens auf Lady Gaia wüsstet. Oh, ihr würdet staunen.

In ihren Träumen haben sie Kontakt zu diesen Welten, und es entstehen Geschichten. Und wir sagen euch, diese Geschichten sind aus diesen Welten, die für euch noch nicht sichtbar und scheinbar nicht zugänglich sind. Und diese Welten in den verschiedenen Dimensionen – sie werden sich vereinen.

Dies geschieht an dem Tag, an dem der letzte Mensch auf Erden erwacht und sich seiner Göttlichkeit bewusst ist. An diesem Tag werden sich die Dimensionen vereinen, und die Schleier zwischen den Welten werden gehoben. Verborgene Türen und Tore werden geöffnet, und ihr werdet über die unermessliche Vielzahl und Schönheit an Wesen staunen, die auf Erden existieren.

Eurem Planeten wird ein großer Zauber und eine große Magie innewohnen. Auf Erden wurden euch viele wunderschöne Geschichten von wundersamen Welten und Geschöpfen erzählt – schaut dahinter. Meint ihr wirklich, es sind nur erfundene Geschichten? Ja, es gibt und gab Wesenheiten auf diesem Planeten, die mit ihrem Geist dorthin reisen konnten, und manch einer nicht nur mit dem Geist. Und einige Werke dieser Wesenheiten wurden sogar verfilmt. Meint ihr, das wären Zufälle? Nein, es waren Vorbereitungen.

Eure Kristallkinder bereiten euch darauf vor, sie führen euch in diese Welten. Diese Kinder müssen hinaus und in diese Welten eintauchen können. Wird es ihnen nicht ermöglicht, gibt es Probleme, sie werden krank und sind nicht ausgeglichen. Ihr Eltern wisst darum, ihr habt es schon festgestellt. Viele von euch fördern es, dass eure Kleinen genug in der Natur sind. Aber trotzdem fehlt euch oft die Zeit.

Eigentlich müssten diese Kinder auch in der freien Natur unterrichtet werden. Jedoch sind eure Schulen nicht darauf ausgerichtet, was sich aber ändern wird. Euer Schulsystem wird sich dahingehend entwickeln, dass jedes Kind neben dem Besuch der Basisfächer individuell gelehrt wird, abgestimmt auf seine persönlichen Fähigkeiten, damit es sich nicht verliert.

Die Orientierungslosigkeit eurer Jugendlichen, die den Schulabschluss hinter sich haben, hat den Grund, dass sie sich im Laufe der Zeit verloren haben. Verloren in einem Schulsystem, das nicht die Persönlichkeit berücksichtigen kann, sondern jedem dasselbe auferlegt.

Wir wissen, dass ihr nicht anders handeln konntet und wollen euch nicht verurteilen. Ihr konntet es zum damaligen Zeitpunkt nicht anders wissen, weil ihr in einem anderen Bewusstseinszustand wart. Schließlich hattet ihr ebenfalls dieses Schulsystem und seid auch durchgekommen und konntet mehr oder weniger gut damit leben. Ihr habt es hingenommen und euch keine weiteren Gedanken darüber gemacht. Es war halt so, wie es war. Zu eurer Zeit war es noch nicht der richtige Zeitpunkt für einen Wechsel, so wart ihr besser diesen alten Strukturen angepasst. Doch eure Kinder sind von Geburt an auf die neuen Strukturen ausgerichtet. Das ist der Unterschied.

Spürt Kristall, und ihr stellt fest – ihr seid es selbst. Eure Kinder spiegeln euch einen Teil, der ihr selbst seid. Sie wollen euch an viele verborgene Fähigkeiten, die euch innewohnen, erinnern.

Taucht ein in die Welt von Kristall. Taucht ein in den Zauber verborgener Reiche. Erinnert euch – ja, als Kind seid ihr auch dort eingetaucht. Man warf euch dann Träumereien vor, doch es waren keine Träumereien – es waren Reisen zu den verborgenen Reichen auf Erden. Ihr hattet den Schlüssel, die Tore dorthin zu öffnen. Als ihr die ersten Aufsätze in der Schule schriebt – erinnert euch –, durftet ihr diese noch aus eurer Phantasie schreiben – es war euer Schlüssel zu den verborgenen Welten. Dann plötzlich wurdet ihr herausgerissen, in die Dualität, hinein zu, wie ihr es nennt, Erörterungen und Inhaltsangaben. Es wurde an euch gefeilt, der analytische, alles kritisierende, ständig hinterfragende und sezierende Verstand wurde in den Vordergrund gestellt. Nach und nach ging euch die Fähigkeit abhanden, in die verborgenen Reiche zu gelangen. Damit ging euch der Schlüssel verloren. Doch Kristall – Kristall bringt euch den Schlüssel wieder.

Wir wissen, wer ihr seid, wir wissen es. Wir wissen, wer diese Zeilen liest

Regenbogenkinder

Regenbogenkinder – schaut sie euch an. Regenbogenkinder. Sanft, ruhig, friedvoll, allumfassende, göttliche Liebe. In einem Licht erstrahlend, nicht mehr von dieser Welt. Erstrahlend – Regenbogenkinder. Sie öffnen euer Herz.

Strahlend, durchscheinend, leuchtend, göttlich, allumfassend, bedingungslos – Regenbogen. Sie öffnen euer Herz und bringen Frieden, denn sie tragen den Frieden und die Liebe in sich und transformieren euer Sein.

Regenbogenkinder erinnern euch an die Heimat. Sie bringen euch die Energie von zu Hause und heilen euer Herz. Regenbogenkinder *sind* einfach. Sie sind im Hier und Jetzt.

Sie sind zentriert, harmonisch, reisend und verbinden das Sichtbare mit dem Unsichtbaren. Regenbogenkinder berühren euer Herz und erinnern euch an den Zustand vor eurer Geburt, im Bauch eurer Mutter.

Regenbogen – euer Sein, eure Heimat, euer Ursprung. Regenbogen – erinnert euch. Sie erinnern euch und führen euch zurück in den ursprünglichen Zustand der allumfassenden Liebe, der Geborgenheit, der Ruhe, des Friedens, aber auch der Freude und der Leichtigkeit. Schaut euch die vielen Facetten der Regenbogenkinder an, wie das Licht sich in den Farben eurer Chakren ausbreitet, wie sie euch in den Zustand der vereinigten Chakren führen. Ruhe, Zentriertheit, Schutz. Schaut auf diesen Zauber. Lauscht.

Ja, da sind verborgene magische Klänge. Sie bringen euch den Klang, der euch erinnert und euer Herz öffnet. Sie sind die Heiler eurer gebrochenen und traumatisierten Herzen. Deswegen braucht ihr euch nicht zu wundern, wenn manche dieser Seelen unerwartet in euer Leben treten, denn sie bringen euch Heilung und führen zusammen, was zusammen gehört.

Ihr alleinerziehenden Mütter, glaubt bitte nicht, dass es so bleibt. Glaubt weiterhin an die Liebe. Die Liebe tritt in euer Leben. Aber sie kann es erst, wenn euer Herz geheilt ist. Deswegen heilen Regenbogenkinder euer Herz und das eures zukünftigen Partners. Sie wissen, wer euer Partner ist, und sind mit ihm verbunden, so, wie ihr mit eurem Partner schon längst seelisch verbunden seid, auch wenn er noch nicht in euer Leben getreten ist. Das ist das Geschenk der Regenbogenkinder an euch.

Regenbogenkinder möchten euer Herz heilen, und dazu müssen sie es euch manchmal spiegeln. Wenn Regenbogenkinder unausgeglichen sind, sind sie euer Spiegel.

Aber wenn sie Liebe und Harmonie aussenden, seht ihr in euren Spiegel. Das seid ihr, wenn ihr vollkommen geheilt seid, wenn euer Herz geheilt ist. Denn ihr selbst seid Regenbogenkinder.

Wir wissen, wer diese Zeilen liest. Wir wissen es.

Die Kinder der Kinder

Ihr wundert euch, weil wir dieses Kapitel die Kinder der Kinder nennen. Die Kinder von Indigo-, Kristall- und Regenbogenkinder – sie sind die Sonne, der Zauber, die Magie, sie sind – SHAMBALLA. Sie sind.

Schaut hin – seht den roten leuchtenden Mond, umgeben von einem goldenen Kreis – schaut hin. Spürt diese Energie. Spürt 999.

Diese Energie sind die Kinder der Kinder – sie sind SHAMBALLA. Welch ein Segen, welch ein Zauber, weit hergereist aus dem Universum, nicht von dieser Welt, inkarniert nur aus einem Grund: euch den rotgoldenen Mond von Shamballa zu bringen und euch in die Energie der Hallen von Shamballa einzutauchen.

Wie die Regenbogenkinder führen sie euch zurück in die Energie eures Ursprungs und tauchen euch ein in die Energie von Shamballa. Sie bringen euch die Energie 999, und wenn ihr so weit seid, führen sie euch hinein in eine vollkommen neue Energie – in die Energie 121212. Dies ist die Energie, wenn der letzte Mensch auf Erden erwacht ist. Und darauf bereiten euch diese Kinder vor.

Lauscht, wie sich jetzt unsere Sprache verändert. Lauscht Shamballa. Leuchtend, strahlend, erhebend, zart, aber doch kraftvoll. Welten verbinden sich, Schleier erheben sich. Unsichtbares wird sichtbar. Verborgenes offenbart sich. Einst verborgen, erwacht jetzt dieses Wissen um die Wahrheit und Wahrhaftigkeit. Wir flüstern euch ins Ohr: Es ist, es ist.

Es ist das Licht. Welten verbinden sich, auf Erden und zwischen den Dimensionen. Schaut hoch ins Licht – eine strahlende Stadt mit zwölf Toren, strahlend golden. Durch euer Herz seid ihr längst eingetreten, diese wunderbaren Wesen nehmen euch an die Hand und begleiten euch hoch ins Licht. Seht, wie es golden schimmert, zwölf Tore, und hinter jedem Tor ein Engel, golden glänzend und umgeben von leuchtenden Feuern. Taucht hinein in diese Energie. Leuchtende Feuer an den Himmelstoren. Leuchtende Feuer.

Diese Worte sind nicht an euren Verstand gerichtet, sondern an euer Herz, ihr Lieben, an euer Herz. Und sie nehmen euch an die Hand, diese wundersamen Wesen, die nicht von dieser Welt sind, und doch so verbunden, euch liebend, eure gebrochenen, traumatisierten Herzen heilend. Sie führen zusammen und heilen, was zusammengehört. An ihrer Hand werdet ihr durch das Tor in eurem Herzen geführt und tretet ein in Shamballa 999 und in die Energie der Goldenen Stadt, des Goldenen Jerusalems 121212, in die Energie des Goldenen Zeitalters. Denn sie sind das Goldene Zeitalter.

Sie können keine alten Strukturen ertragen, nein, sie

sind vollkommen auf das Neue ausgerichtet. Sie unterstützen euch mit starker Gedankenkraft und helfen euch, euch zu erinnern. Ihre Aura ist erzengelgleich, denn sie sind höchste Würdenträger, Abgesandte des Universums. Sie müssen nichts mehr transformieren, nein, sie kommen mit der Energie der Wirklichkeit – ohne den Schleier des Vergessens, mit hohem Bewusstsein, wissend, allumfassend, SEIN. Im Hier und Jetzt. Ohne Zeit. Und sie erinnern euch an euer Sein und spiegeln euch eure Größe. Erinnert euch.

Wir wissen, wer diese Zeilen liest. Wir wissen es.

Lernen in der Neuen Zeit
Alte Strukturen

Lernen in der Neuen Zeit. Erinnert ihr euch noch an eure Schulzeit? Ihr habt sie hinter euch. Den einen fiel es leichter, den anderen weniger. Zum damaligen Zeitpunkt war es in Ordnung so, wie es war. Es war in Ordnung, und wir möchten hier niemanden verurteilen. Doch euer Schulsystem hat sich im Laufe der Zeit verändert, so, wie sich eure Gesellschaft verändert hat. Je nach Land und Kultur unterschiedlich.

Der Schulabschluss bildete den Ausgangspunkt für euren weiteren Werdegang – Universität oder Ausbildung, oder wie sich für euch die Türen öffneten. Ihr gingt durch ein System von Bewertungen, eure Leistungen wurden anhand von Zahlenskalen bewertet. Nach eurem Abschluss im Berufsleben habt ihr dann festgestellt, dass das Lernen eigentlich erst richtig losgeht und wahres Wissen nicht anhand von Bewertungen erlangt werden kann.

Wie gesagt, wir wollen hier niemanden verurteilen. Auch das Schulsystem ist ein Spiegel eurer Gesellschaft. Und genauso, wie sich jetzt eure Gesellschaft und eure wirtschaftlichen und politischen Strukturen ändern, ändert sich euer Schulsystem.

Dieser Wandel geschieht durch euch, die Lehrer,

Mütter, Väter und natürlich die Kinder. Ihr alle tragt die Lösungen in euch. Ihr alle. Jeder von euch – ohne Ausnahme. Gemeinsam werdet ihr die bisherigen Strukturen transformieren und Neues entsteht. Wir wissen, ihr könnt es euch jetzt nicht vorstellen, aber ihr befindet euch mitten im Umbruch.

Der Wandel wird leichter vor sich gehen als ihr denkt, weil ihr euch schon mittendrin befindet. Schaut es euch an. Ihr sucht doch bereits die Lösungen und wisst ganz genau, dass es momentan so, wie es ist, nicht mehr passt. Eure Kinder sind so anders, als ihr es wart. Und ihr wollt, dass es ihnen gut geht. Die Lehrer unter euch stoßen oft an ihre Grenzen. Wir wissen darum. Wir wissen um eure Sorgen und Ängste. Wir wissen darum. Aber gerade sie tragen die Lösungen in sich. Gerade sie. Und wir sagen euch: Sprecht offen eure Meinung aus. Sagt, was ihr denkt. Ihr werdet erstaunt sein, wie viele eurer Kollegen euch zustimmen. Ihr, die ihr täglich mit den Kindern arbeitet, wisst, was aus den alten Strukturen heraus noch funktioniert und was nicht.

Ja, im Laufe der letzten Jahre ist es bereits zu großen Veränderungen gekommen. Doch bei Themen, die wunderbar funktionierten und von den Kindern angenommen wurden, stoßt ihr plötzlich an eure Grenzen. Es geht einfach nicht mehr. Ihr wisst es und stoßt wiederum an Grenzen, weil ihr euch damit alleine fühlt. Deswegen bitten wir euch: Redet. Redet, damit die Lösungen, die ihr in euch tragt, nach außen kommen. Es ist kein Zufall, dass ihr in der großen Zeit des Wandels unterrichtet. Es ist kein Zufall. Wenn ihr euch bewusst werdet, dass ihr die Lösungen in euch tragt, könnt ihr sie zum Erwachen bringen, sie können sich euch offenbaren. Deswegen, ihr Lehrer, Mütter und Väter: Setzt euch zusammen. Habt den Mut und sprecht es aus. Habt den Mut. Wir sind bei euch, wir führen und leiten euch. Habt den Mut. Es unterliegt alles der göttlichen Führung.

Es geht um die Zukunft, um das Goldene Zeitalter, um Strukturen für eure Kinder, in denen sie sich nicht verlieren, sondern ihr ganzes Potenzial sofort erkannt und zur Entfaltung gebracht wird. Strukturen, in denen sich keine Seele mehr verlieren kann, sondern bei sich bleibt, und in denen jedes Kind in dem BEWUSSTSEIN BLEIBT, dass es ein göttlicher Mensch auf Erden ist.

Entstehung der neuen Strukturen

Ja, ihr Lehrer und Eltern, ihr werdet neue Strukturen erschaffen, abgestimmt auf die Fähigkeiten eurer Kinder. Vieles wird sich verändern. Vieles.

Die Schulen werden komplett reformiert. Es geht nicht nur um die Kinder, nein, auch um die Eltern. Es werden Begegnungsstätten sein, Orte der Zusammenkunft und der Gemeinschaft. Gesegnete Orte. Zentren, in denen das Wissen des Lebens gelehrt wird. Lichtvolle Orte. Gesegnete Zentren.

Eure Kinder werden sie lieben. Ihr werdet sie lieben. Orte, frei von Bewertungen.

Ihr werdet staunen, wie schnell, leicht und spielerisch eure Kinder lernen werden. Letztendlich werden sie nur an ihr Wissen erinnert, das sie in diese Inkarnation mitbringen. Und sie werden geschult darin, immer bei sich zu bleiben, sich nicht zu verlieren.

Viele von euch – Lehrer und Eltern – haben die Erfahrung gemacht, sich zu verlieren, nicht zu wissen, wohin der Weg führt, und ihr wart oft verwirrt. Doch ihr tragt die Lösungen in euch, dass eure Kinder bei sich bleiben, in Erinnerung an ihren Seelenplan. Viele neue Methoden werden entstehen, in denen spielerisch Wissen vermittelt wird. Lernen wird zur Leichtigkeit. Ihr werdet den Kindern beibringen, wie man lernt, wobei die Schwerpunkte auf dem Spielen von Instrumenten liegen werden.

Lebendiges Wissen ist das Thema. Keine Unmengen an totem Wissen, das sofort in Vergessenheit gerät. Wer es gelernt hat, in Verbindung zur Akasha-Chronik zu treten, dem steht jedes Wissen zur Verfügung. Und der Seelenplan selbst legt die Berufung und Talente fest, die in dieser Inkarnation gelebt werden sollen. Deswegen bringt euren Kindern bei, bei sich zu bleiben und sich nicht mehr zu verlieren. Dementsprechend werden sie sich mit dem Wissen beschäftigen, das sie für ihre Lebensaufgabe brauchen. Alles andere belastet sie.

Erinnert ihr euch, dass manche Fächer für euch eine Qual waren, euch blockiert und unnötig Energie abgezogen haben? Erinnert ihr euch? Das lag daran, dass diese Fächer für euch nicht wichtig waren.

Ihr fragt euch jetzt sicherlich, was das für eine Schule sein wird. Und wir sagen euch: Es wird viel gespielt und gelacht, und manche Fächer werdet ihr sogar gemeinsam mit euren Kindern besuchen, weil sie euch Spaß machen, und andere Fächer werdet ihr sogar selbst lehren, weil ihr gut darin seid. Es sind sehr vielfältige Schulen, immer auf die Energien des jeweiligen Ortes und der Menschen abgestimmt. Es wird alles sehr individuell und vielfältig sein und voller Liebe. Eure Kinder werden mit unermesslicher Liebe gelehrt. Und sie werden das spüren. Sie werden sich auch gegenseitig lehren, aufeinander aufpassen und sich umeinander kümmern. Es wird ein sehr liebevolles Miteinander sein. Und wenn ein Kind traurig ist und Kummer hat, wird sich in diesem Moment jeder um das Kind kümmern, bis es wieder lacht.

Wir wissen, es erscheint euch alles sehr utopisch und unvorstellbar. Und wir sagen euch: Diese Schulen haben schon einmal auf Erden existiert. Erinnert euch, ihr Seelen, ihr habt sie doch selbst besucht und tragt die Erinnerung daran in euch. Erinnert euch an die goldenen Zeiten von Lemurien, Atlantis, an das Goldene Zeitalter von Ägypten. Erinnert euch an Avalon. Erinnert euch. Mit dieser Erinnerung tragt ihr die Lösungen in euch.

Wir wissen, wer diese Zeilen liest. Wir wissen es.

Intuitionstraining

Wie können die Kinder bei sich bleiben? Was könnt ihr tun, damit sie sich nicht verlieren? Indem ihr Herz geöffnet bleibt und sie nie das Vertrauen in ihr Herz verlieren. Nie. So bleiben sie in der Klarheit. So werden sie sich nie verlieren – wie so viele von euch. Wie viele von euch haben sich verloren? Wie viele?

Erinnert ihr euch, wie mühsam der Weg war, sich wiederzufinden? Wie viel Schmerz und Zweifel mussten erst abgetragen werden. Viele von euch haben im Laufe der Zeit Misstrauen gegen das eigene Herz entwickelt. Viele. Und viele Tränen habt ihr deswegen vergossen, Zweifel, Trauer und auch Wut erlebt. Ihr hattet euch verloren, hattet vergessen, wie es ist, bei sich zu sein. Doch ihr wusstet: Da ist mehr, ein bestimmter Weg, ein wunderschöner Weg. Ihr wusstet es.

Aber ihr wusstet nicht, wie ihr dorthin gelangen solltet, weil das Misstrauen gegen das eigene Herz der Klarheit im Weg stand. Dieses Misstrauen blockierte schließlich das Glück in allen Bereichen eures Lebens. Erst durch mühsame Transformations- und Heilungsprozesse konntet ihr diese Blockaden durchbrechen und euch wieder spüren. Wir wissen um die Herausforderungen, die mancher überwinden musste, bevor er sich wieder spüren konnte. Viele von euch, sehr viele. Wir wissen, wer diese Zeilen liest. Wir wissen es. Wir wissen, durch wie viel Schmerz ihr gehen musstet, um euch wieder spüren zu können.

Deswegen ist es für eure Kinder so wichtig, dass sie sich erst gar nicht verlieren. Sie sind auf die Strukturen der Neuen Zeit ausgerichtet. Und diese Strukturen lassen es nicht mehr zu, sich zu verlieren. Die Strukturen der Neuen Zeit, egal in welchem Bereich, gesellschaftlich, politisch, wirtschaftlich, sind auf den göttlich erwachten Menschen auf Erden ausgerichtet. Dieser ist nicht mehr mit der Transformation von Ego und Schattenenergien beschäftigt, sondern befindet sich in einem kontinuierlichen Schöpfungsprozess und in einem kontinuierlichen Prozess des Sich-Erfahrens und der Umsetzung von Visionen in die Materie.

Voraussetzung ist, bei sich zu bleiben, sich zu spüren. Ein Instrument dazu ist die Intuition der Neuen Zeit, das bereits durch ein großes Medium namens Sangitar durchgegeben wurde. Diese Intuition entsteht nicht aus einem Bauchgefühl, sondern aus dem vereinigten Chakra heraus. So könnt ihr direkt über euren Herzensstrahl Bilder und Informationen empfangen und eine vollkommen neue Sicherheit bei euren Entscheidungen erlangen. Bereits mit Kindern kann man dies wunderbar trainieren, denn sie können es bereits, es muss nur die Erinnerung aufrechterhalten bleiben. Ihr könnt es immer wieder im Spiel mit ihnen üben, denn es ist im wahrsten Sinne des Wortes spielerisch einfach.

Im Spiel könnt ihr ihnen mit euren Gedanken Farben oder Blumen zusenden, Elemente. Genauso ist eure Kommunikation mit Tieren ein Element, mit dem ihr ihnen Bilder sendet.

Mit Hilfe dieser Intuition könnt ihr ebenfalls Informationen aus eurem Seelenplan erhalten und habt einen Einblick in die Akasha-Chronik, in der alle eure Wahlmöglichkeiten festgehalten sind.

Allgemein werden neue und wunderschöne Spiele entstehen. Nicht nur schön für eure Kinder, sondern auch für euch. Ihr werdet durch eure neu gefundene Leichtigkeit wieder wie die Kinder. Verspielt, staunend, ehrfürchtig. Ihr könnt stundenlang, im Spiel versunken, alles um euch herum vergessen, wie in einer Meditation. Und ihr werdet viel lachen und fröhlich sein. Das bringt das neue Leben mit sich.

Wir wissen, wie schwer ihr es euch im Moment vorstellen könnt. Wir wissen es. Es klingt alles wie Utopia. Und wir sagen euch: Nein, es ist eure Wirklichkeit. Bedenkt, dass die Dualität alles verdreht. Genauso, wie beschwerlich, zäh und mühsam ihr euer Leben empfindet, das Arbeitsleben und euren Alltag allgemein, genauso leicht und voller Freude wird euer Leben in der Neuen Zeit. Ihr fühlt euch oft alt und müde. Aber eine innere Stimme sagt euch: Eigentlich bin ich doch selbst noch ein Kind. Eigentlich will ich dieses Leben so gar nicht. Und ihr seid glücklich in den Momenten, in denen ihr mit euren Kindern spielt, weil ihr dann selbst wieder wie die Kinder sein könnt.

Wir wissen, wer diese Zeilen liest, wir wissen es. Wir können in eurem Herzen lesen. Uns bleibt nichts verborgen. Nichts.

Das Netz
Neue Organisationen

Im Hier und Jetzt entstehen neue Strukturen. Diese verändern sich durch die Menschen, die in ihnen arbeiten. Eure ganzen gesellschaftlichen und politischen Strukturen werden sich verändern, weil ihr euch verändert.

Parallel zu dieser Entwicklung entwickelt sich ein Netzwerk von neuen Organisationen in Verbindung zu bereits vieler bestehenden humanitären Organisationen. Diese werden finanzielle Mittel und menschliches Know-How mobilisieren, wie es noch nie in der Geschichte der Menschheit vorgekommen ist. Durch diese Organisationen wird sich tatsächlich um jeden Menschen gekümmert, der Hilfe bedarf. Individuell. Jeder wird durch dieses Netzwerk aufgefangen, egal, in welchem Land, egal, an welchem Ort. Jeder wird aufgefangen. Es hört sich für euch unvorstellbar an, wie so etwas funktionieren soll. Und wir sagen euch: Die Menschheit hat es so festgelegt, und viele von euch haben die Gründung oder die Mitarbeit in solch einer Organisation in ihrem Seelenplan verankert. Und Seelenpläne gehen machtvoll in Erfüllung.

Ihr fragt euch nun, wie die ganze Armut auf Erden beseitigt werden soll und wie die Herausforderungen, vor der die Menschheit steht, gemeistert werden sollen? Und wir sagen euch: Durch die Entstehung dieses Netzwerks, das einhergeht mit der Veränderung eurer bestehenden Strukturen. Diese Organisationen werden eng zusammenarbeiten. Es gibt keine Konkurrenz, sondern ein großes Miteinander zwischen der politischen Führung und den Bewohnern, wodurch individuelle Lösungen für die jeweilige Region, die Stadt und das Dorf entstehen.

Ziel dieser weltweiten Zusammenarbeit ist das Erschaffen von Wohlstand auf Erden. Dazu werden finanzielle Mittel mobilisiert wie noch nie auf Erden.

Große Spendenaktionen werden entstehen. Es wird gerne und mit Liebe für diese Organisationen gegeben, dementsprechend wird sich der allgemeine Wohlstand auf Erden kontinuierlich vermehren.

Diejenigen, die spenden, erhalten es vielfach zurück. Und diejenigen, denen geholfen wird, spüren nach und nach die Fülle des Lebens. Sie werden in der Erfüllung ihrer Wünsche unterstützt, erinnern sich wieder an ihre eigene Schöpferkraft und denken aufgrund dieser Erfahrungen in der Fülle. So wird im Laufe einer Zeitperiode jeder, der in Armut und Not lebt, nicht nur in den ärmsten Ländern, nein, auch in den sogenannten reichen Industrieländern, erreicht, und es entsteht nach und nach Wohlstand auf Erden.

Das Geheimnis liegt in den individuellen Lösungen, in der engen Zusammenarbeit von so vielen Organisationen, natürlich in der großen Mobilisation von finanziellen Mitteln und der Vielzahl an Menschen, die in diesen Organisationen arbeiten und die Lösungen in sich tragen. Nicht nur Organisationen sind dort eingebunden, nein, auch viele Unternehmer, Selbstständige, die mit ihrem Wissen und Know-How wichtige Lösungen bringen.

Allgemein kann jeder mitwirken, egal, aus welchem Bereich. Jeder von euch trägt einen Baustein, einen wichtigen Mosaikstein in sich zum Aufbau der Strukturen des Neuen Zeitalters und zur Erschaffung des Gartens Eden auf Erden.

Von Land zu Land, von Region zu Region, von Stadt zu Stadt, von Dorf zu Dorf wird das Zusammenwirken der Organisationen anders aussehen, da die Persönlichkeiten dieser Orte und auch die Herausforderungen anders sind. Das Geheimnis liegt in der fließenden Zusammenarbeit. Es entstehen ständig neue Konstellationen, die neue Muster bilden und sich dann wieder zusammensetzen, um wieder neue Konstellationen und Muster zu bilden. Es gibt keinen Stillstand, und es gibt auch keine Starre.

Das Ganze wird von einer Organisation koordiniert und organisiert, die diese weltweite Zusammenarbeit ins Leben ruft. Sie entsteht, arbeitet dieses weltweite Konzept aus und stellt den Rahmen her. Es handelt sich bei dieser Organisation um ein Weltunternehmen, das unter göttlichem Schutz steht. Alles geschieht im Auftrag Gottes. Die Gründer dieser Organisation sind durch härteste Prüfungen und Einweihungen gegangen, um dieser Aufgabe gerecht zu werden. Mehr soll hier noch nicht gesagt werden.

Die Konzentration dieser massiven Hilfe bezieht sich auf eure Kinder. Es geht um eine Generation von Kindern. Eine Generation, und eure Welt ist eine andere.

Eine Generation

Eine Generation von Kindern, und eure Welt ist eine andere.

Wenn die Kinder dieser Welt, die in Armut leben, egal wo, in ihrer Ausbildung und in der Verwirklichung ihrer Träume und Visionen unterstützt werden, ist eure Welt eine andere.

Wie sollen sie sich entwickeln können, in Liebe denken, in Achtsamkeit gegenüber ihren Mitmenschen und Lady Gaia sein, wenn sie noch nicht einmal mit dem Notwendigsten versorgt sind? Es geht hier um weit mehr als um Schulausbildung und Versorgung mit Nahrungsmitteln, da selbst trotz des großen Reichtums auf Erden noch nicht einmal das für jedes Kind und ihre Familien gewährleistet ist. Neben dieser Grundversorgung geht es auch um das Wissen des Lebens und darum, in Verbindung mit dem Seelenplan zu bleiben, denn die wichtigsten Elemente des Seelenplans sind nun einmal die Herzenswünsche.

Ja, die Herzenswünsche. Nehmt eure Herzenswünsche sehr ernst, denn die Seele möchte sie in die Materie umsetzen. In einem Zustand der Armut und der Hoffnungslosigkeit hat sich die Seele verloren, ist manipulierbar und bereit für Gewalt, denn sie kann nicht mehr empfinden. Nur das Licht kann sie dort wieder herausholen. Nur das Licht. Aber wenn nie ein Licht auftaucht, wie soll sie sich finden und spüren? Wie denn? Ohne Licht keine Wärme. Selbst wenn Nahrungsmittel, Räume und eine Schulausbildung vorhanden sind, ohne geistige Nahrung und das Wissen über das Leben ist die Seele immer manipulierbar. Dann hungert sie und kann sich nicht erfahren.

Deswegen wurde eine Generation neben den humanitären Mitteln mit dem Wissen über das Leben versorgt. Dem Wissen über die Seelenverträge, die Seelenpläne und die Schöpferkraft. Dem Wissen, die gottgegebenen Visionen in die Materie zu bringen und über die Mahatma-Energie und das Handeln aus dieser Energie heraus. Dem Wissen über das Erschaffen von Liebe, Glück, Fülle und Wohlstand und im Einklang mit der Mahatma-Energie zu leben.

Eine Generation, und es ist das Goldene Jerusalem auf Erden. Eine Generation, und jeder Mensch auf Erden ist erwacht. Eine Generation, und der Planet Erde tritt ein in den Ätherkörper des Goldenen Jerusalems. Es geht nicht nur um diese Generation allein, das komplette Umfeld wird automatisch in die Hilfeleistungen dieses Netzwerks mit einbezogen. Jeder wird Hilfe erhalten.

Ebenso kümmert sich dieses Netzwerk um Lady Gaia und eure Geschwister, die Tiere. Es gibt ein liebevolles Miteinander. So kann sich nach und nach der Himmel auf Erden manifestieren. Ein göttlich erwachter Mensch auf Erden, auf einem strahlend schönen Planeten, leuchtend, von innen heraus strahlend. Ein göttlich erwachter Mensch auf einem mystisch schönen Planeten. Ein Planet, einst krank, trauernd, absinkend in die dunkle Materie, parallel zu dem einstigen Menschen, dessen Bewusstsein in die Materie absank, seine Göttlichkeit vergessend. Dieser Mensch hat sich nach langen schmerzhaften Prozessen wiedergefunden. Und der göttlich erwachte Mensch kam zurück auf eine neue Erde mit einem neuen Himmel.

So wird die Geschichte des blauen Juwels in den Weiten der Universen erzählt. Ja, so wird sie erzählt.

Wir wissen, wer diese Zeilen liest, wir wissen es.

Lady Gaia und die Kinder

Die Liebe zwischen Lady Gaia und den Kindern

Die Liebe zwischen Lady Gaia und den Kindern ist groß, sehr groß. Die Kinder wissen, wie sie mit Lady Gaia kommunizieren. Sie können ihren Geschichten lauschen, denn Lady Gaia ist eine große Geschichtenerzählerin, eine sehr große. Sie kennt jede Geschichte auf Erden, von jeder Seele und seit Anbeginn der Zeiten. Oh, sie ist eine große Geschichtenerzählerin. Und die Kinder, besonders die Kristall- und Regenbogenkinder sowie die Kinder der Kinder – sie können ihren Geschichten lauschen.

Allgemein üben die Kinder viel Erdheilung aus, einfach durch ihre Bewunderung und das Staunen über die Schönheit Gaias. Ihr wisst ja, wie gerne sie draußen spielen – und auch ihr habt damals viel Erdheilung ausgeübt durch euer Staunen, eure Neugier und die Freude am Sein. Die Freude daran, in der Natur zu sein. Auch ihr habt mit den Elementaren und Naturgeistern kommuniziert, ihr habt es nur vergessen. Im Laufe der Zeit wurde euch durch das Training des Intellekts und des linearen Denkens euer Staunen genommen, und auch dadurch habt ihr euch verloren.

Ebenfalls vergessen viele von euch, die spirituell arbeiten, immer wieder, sich bei ihrer Arbeit mit Lady Gaia zu verbinden, doch der Kosmos kann sich nur durch euch mit

Lady Gaia verbinden. Nur so seid ihr stabil und könnt eure gottgegebenen Visionen leichter verwirklichen. Gleichzeitig erhält Lady Gaia Heilungsenergien vom Kosmos. Eure Kinder sind automatisch in dieser Verbindung, sie kennen es nicht anders und erinnern euch durch ihr Sein ständig an diese Verbindung.

Ja, die Liebe zwischen Lady Gaia und den Kindern ist sehr groß. Die Kinder schützen sie und umgekehrt. Es verbindet sie ein besonderes Band. Eure Kinder sind alte weise Seelen, die Lady Gaia aus vielen Inkarnationen kennen.

Deswegen möchte Lady Gaia an dieser Stelle das Wort an die Kinder richten, an die Kinder der Neuen Zeit:

Meine Kinder, ich, Lady Gaia, richte das Wort an euch. Ich spreche zu euch, meine Kinder. Welche Freude, was für ein Ereignis. Ich kenne jeden Einzelnen von euch, jeden Einzelnen. Ich habe deinen Weg nicht nur in dieser Inkarnation verfolgt, nein, in jeder Inkarnation, die du hier verbracht hast.

Ich habe alle deine Geschichten mitbekommen, alle. Ich habe alles aufgeschrieben, und an manchen Tagen erzähle ich deine Geschichte. Geschichten von Hohepriesterinnen und Priestern, von Heilerinnen und Heilern, von Sehern, Wissenden, Weisen, von Königinnen und Königen einst vergangener Welten.

Ich erzähle Geschichten aus Lemurien, von eurem Wirken und von den Kriegerinnen und Kriegern des Lichts in Atlantis. Ich erzähle von euren Freuden und Leiden.

Alles habe ich mitbekommen, nichts blieb mir verborgen. Ich vernahm euer Rufen und Flüstern, euer Lachen und Weinen. Nichts blieb mir verborgen, nichts.

Und nun, meine vertrauten Seelen, seid ihr wieder da. Alte vertraute Seelen. Ich kenne dich. Ich kenne dich, und ich danke dir dafür, dass du wiedergekommen bist. Ich habe dich vermisst und konnte die Erinnerungen an dich nur durch die vielen Geschichten abrufen, die ich erzählt habe. Allein dein Sein trägt zu meiner Heilung bei.

Ich weiß aus deinen Inkarnationen, dass du immer das Licht vertreten und dich dafür eingesetzt hast. Nichts konnte dich auf die dunkle Seite ziehen. Wie oft hast du dein Leben gelassen und durftest deswegen die Liebe nicht leben. Wie oft. Ich habe mit dir geweint, Liebes. Ich habe mit dir geweint.

Es existieren so viele Geschichten von dir, so viele. Und nun bist du wieder da, meine Freundin, mein Freund, meine Tochter, mein Sohn. Ja, ihr seid meine Kinder, und gleichzeitig seid ihr meine besten Freunde.

Ich kenne jeden Einzelnen von euch. Ich kann jeden von euch beim Namen nennen.

Und nun bist du wieder da mit deinem Wissen und deiner Weisheit aus deinen vergangenen Leben. Du bist wieder da, um das Neue Zeitalter zu erbauen. Mit deinem Sein entsteht das Goldene Jerusalem. Du gehörst mit zu den Erbauern. Eine goldene Stadt mit zwölf Toren, und hinter jedem Tor ein Engel. Dank euch kann ich aufsteigen in den Ätherkörper dieser Stadt.

Es wird schön. Ich heile, meine Kinder, ich heile. Durch euer Sein heile ich und werde wieder wie einst zu den Goldenen Zeitaltern in Lemurien und Atlantis. Noch strahlender. Denn nach einer Phase der Dunkelheit ist man strahlender als je zuvor. Das Dunkle, aus dem man aufsteigt, macht einen noch strahlender, es bewirkt eine noch größere Leuchtkraft. Dank dir wird es vollbracht, ein neuer Mensch auf einer neuen Erde. Lemurien und Atlantis werden aufsteigen, wiedererwachen durch euer Sein. Ihr werdet sie wieder zum Leben erwecken.

Ich weiß, dass du manchmal traurig bist. Erzähle mir, was dich belastet. Ich nehme dir die Tränen, bringe dich wieder zum Lachen und spende dir Trost und Kraft. Ich habe so viele Geschichten zu erzählen und bin glücklich, wenn du mir zuhörst.

Die Tiere lauschen immer meinen Geschichten. Ich kümmere mich um jedes Lebewesen, um jedes, ohne Ausnahme. Doch viele können mich nicht mehr hören, was mich sehr traurig macht.

Ja, auch ich bin ab und zu traurig. Früher, als ich immer mehr hinabsteigen musste in die Materie, habe ich oft geweint, trotz meinem Wissen um alles, trotz meiner Weisheit. Aber jetzt bist du da, meine Traurigkeit schwindet immer mehr, und ich habe wieder viele lustige Geschichten zu erzählen. Genauso Geschichten voller Schönheit und Weisheit. Es gibt so viele Geheimnisse, so viele Welten. Wundersame Welten. Die Erwachsenen würden sagen, nicht von dieser Welt. Aber gerade deswegen von dieser Welt. Wundersame Welten, noch im Verborgenen, aber nicht mehr lange.

Und ich sage dir: Die Erwachsenen sehnen sich auch danach. Und ich sage dir: Die Erwachsenen wollen so sein wie du. Offen für das Wundersame. Sie wollen genauso staunen können und im Spiel versinken wie du. Sie wollen wieder wie die Kinder sein. Und jetzt verrate ich dir ein Geheimnis: Nicht du wirst wie die Erwachsenen, nein, es wird umgekehrt sein, die Erwachsenen werden wie du.

Ich, der blaue Planet, ich, Lady Gaia, werde ein Planet sein, dessen Bewohner wie die Kinder sind. Staunend, ehrfürchtig, verspielt. In der Leichtigkeit und in der Lebensfreude, ohne Mühsal und Beschwerlichkeit.

Dann werden meine Geschichten wieder anders sein. Geschichten von Bewohnern, die sind wie Kinder. Von Erdenmenschen, die verspielt und staunend sind wie Kinder und die immer lachen.

Deswegen, mein Herz, sprich weiter mit mir und lausche meinen Geschichten. Wir sind alte Freunde, und mein Herz erstrahlt durch dein Sein.

Sei gesegnet, meine Tochter. Sei gesegnet, mein Sohn. Sei gesegnet, meine Freundin, sei gesegnet, mein Freund aus vielen gemeinsamen Zeiten. Ich kenne dich seit Anbeginn der Zeiten.

Das Königreich der Tiere und die Kinder

Das Königreich der Tiere: Es existiert. Es war und wird immer sein. Es ist ein sehr großes Reich mit vielen Familien und einem sehr hohen Bewusstsein, das von unterschiedlichen Planeten abstammt − Geschwister, Freunde und Begleiter des Menschen. Ihr habt diese Verbindung vergessen, doch das war nicht immer so, nein, in längst vergangenen Zeiten wart ihr zutiefst verbunden. Das Königreich der Tiere ist in vollkommener Harmonie mit Lady Gaia und dem Kosmos. Es ist bunt und voller eindrucksvoller Persönlichkeiten. Einst wird der Tag kommen, an dem ihr selbstverständlich mit den Tieren kommuniziert, und zwar auf telepathische Weise.

Zurzeit finden große Wandlungen statt. Einige Königreiche in der Tierwelt werden euren Planeten vollkommen verlassen, so ist es abgesprochen. Dafür werden neue Königreiche auf Erden kommen. Alles ist im Wandel und im Umbruch. Alles. Eure Welten werden nicht mehr voneinander abgegrenzt sein, sondern miteinander verfließen. Mit einigen dieser Königreiche seid ihr schon zutiefst verbunden, zum Beispiel mit euren Haustieren.

Mit dem zunehmenden Bewusstseinswandel der Menschheit wird sich parallel die Tierwelt verändern. Einst wild lebende Tiere werden zahm und nicht mehr davonlaufen, wenn ein Mensch auftaucht, weil sich eure Aura verändert. Eure Aura trägt dann die Farben des göttlich erwachten Menschen auf Erden, und daher seid ihr für die Tierwelt nicht mehr gefährlich, weil ihr euch auf einer anderen Bewusstseinsstufe befindet. Deswegen wird die Kommunikation mit der Tierwelt selbstverständlich. Eure Kinder machen es euch vor. Sie kommunizieren ständig mit der Tierwelt und haben eine innige Beziehung zu ihr.

Königreich der Tiere. Jede Tierart hat einen König und eine Königin, eine Art Überseele. Ja, es sind wundersame Reiche in Verbindung zu verborgenen Welten, zu denen der Mensch jetzt keinen Zugang hat. Wundersame Welten im Verborgenen. Viele Tiere sind Wanderer zwischen verschiedenen Welten.

Wenn ihr auch nur ansatzweise erahnen würdet, wie wundersam euer Planet ist. Viele verborgene Welten. Und ihr werdet eintreten in diese verborgenen Welten. Ja, ihr werdet eintreten.

An dieser Stelle möchte ein großer König aus dem Tierreich das Wort an euch richten, es ist Samuel aus dem Königreich der Geparden. Wir verneigen uns und räumen ihm hier den Platz ein. Er spricht stellvertretend für viele Königreiche aus dem Reich der Tiere.

Ich, Samuel, König der Geparden, spreche zu euch und euren Kindern
Seit dem Eintreffen meines Reichs auf Erden bin ich da. Ich lebe in jedem Geparden, jeder trägt mich in sich.

53

Ich bin der göttliche Anteil, das Höhere Selbst, und gleichzeitig bin ich in einer materiellen Form auf Erden. Immer da, unsterblich, seit mein Königreich auf Erden existiert.

Ich weiß, für euren Verstand ist das schwer zu verstehen. Ich tauche aus dem Nichts auf und verschwinde im Nichts. Man könnte mich als einen Schatten wahrnehmen, als eine Erscheinung, doch ich bin, wenn ich eure Worte verwende, real.

Ich bin immer auf Wanderschaft in eurer und in der nicht sichtbaren Welt und wandere zwischen den Dimensionen wie ein Pfeil in meiner Geschwindigkeit. Da ich überall und nirgends bin, habe ich keinen festen Ort. Ich bin auf Wanderschaft, beobachte das Geschehen und schütze und führe mein Königreich.

Wir sind die Schnellsten auf Erden, denn wir sind das Element Luft. Ich bin eins mit den Elementen und kann immer wieder meine Form ändern. Ich beobachte, studiere, und gleichzeitig schütze und führe ich mein Königreich.

Ich bin Samuel, der Gefährte des Windes, und durchbreche Raum und Zeit. Seit Anbeginn der Entstehung meines Königreichs bin ich auf Erden und in Kontakt zu vielen Königreichen und Welten.

Es ist Zeit, ihr Menschen. Es ist Zeit für die Rückkehr des erwachten Menschen auf Erden. Und dann werden

Wunder geschehen, große Wunder. Wir werden nicht mehr vor euch weglaufen, nein, wir werden euch besuchen. Wenn ihr in der Natur feiert, gesellen wir uns zu euch und spielen mit euren Kindern. Es tut ihnen gut, wenn sie unser Fell berühren können. Und wir werden unsere Kinder mitbringen, und so können sie miteinander spielen.

So wird es sein. Zu diesem Zeitpunkt ist Lady Gaia vollkommen geheilt, und der Mensch hat erkannt, dass er nicht immer nur nehmen kann und ihm der Planet Erde nicht gehört. Er hat dann erkannt, dass Lady Gaia ein lebendiges Wesen ist, das empfindet und fühlt wie ein Mensch, und dass wir, die Königreiche der Tiere, ein großes Bewusstsein haben und wir, Mensch und Tier, miteinander kommunizieren können. Wenn der Mensch das erkannt hat, können wir kommen.

Und nicht nur wir werden euch Gesellschaft leisten, nein, auch andere Königreiche werden euch besuchen. Wir werden euch große Geschenke überreichen, wodurch wir euch viel Wissen übermitteln können, denn wir sind wissend im Bereich der Geschwindigkeit. Daher können wir euch viel über das Element Luft und den Wind erzählen. Wir wissen viel darüber, weil wir eins sind mit diesem Element. Deswegen, ihr Menschen: Schreitet weiter voran. Arbeitet weiter an euch. Gebt nicht auf. Wir, die Königreiche, unterstützen euch. Und eines Tages werden wir uns begegnen.

Ich, Samuel, schaue dir dann in die Augen, und du wirst dich an diese Zeilen erinnern und wissen, dass ich es bin. Und ich sage dir: Ich bin ein Freund. Ich bin dein Freund.

Die Zeit kann ich nur in eurer Dimension studieren, weil sie sonst nirgends existiert. Sie existiert durch eure Gedankenkraft. Aber je mehr ihr euch in der Wirklichkeit aufhaltet, desto weniger wird die Zeit existieren, und ihr habt die Fähigkeit, Zeit zu beschleunigen, gerade aus dem Grund, weil sie nicht real ist. Ihr selbst seid die Zeit. Ihr seid es. Niemand sonst.

Je mehr ihr im Hier und Jetzt lebt, desto mehr seid ihr in der Wirklichkeit. Das menschliche Leid auf Erden beruht auf eurem Zeitempfinden. Dadurch können bestimmte Dinge erst zu einem bestimmten Zeitpunkt eintreten. Doch je mehr ihr euer Zeitempfinden durchbrecht, desto schneller werdet ihr manifestieren und das erhalten, was ihr braucht. Ihr erhaltet alles im Hier und Jetzt und müsst auf nichts mehr warten. Ohne Zeitempfinden gibt es auch kein Warten mehr.

Ich weiß, es ist für euch schwer vorstellbar. Aber genauso wird es sein. Ihr merkt doch jetzt schon, wie schnell sich die Dinge entwickeln.

Ich bin Friburg, der Zeitenspringer. Einst in Atlantis war ich sichtbar, ein großer weißer Wolf. In einer Zeit kurz vor dem Untergang Atlantis war ich ein Freund eines weiblichen Wesens, das ich jetzt wieder begleite und beschütze.

Es waren schwierige Zeiten. Sie starb aus Kummer, als ihr Geliebter in Gefangenschaft geriet und in den Verliesen der damaligen Herrscherfamilie, die nicht mehr das Licht vertrat, sondern sich für das Dunkle entschieden hatte, ums Leben kam. Ich war dabei in der Stunde ihrer Geburt und in der Stunde ihres Todes. Ich begleitete sie ins Licht, ging mit ihr hinüber in die Anderswelt, war immer ihr Begleiter.

Und ich werde zurückkommen in einem Körper, der für euch als ein großer weißer Wolf sichtbar ist. Es wird das Bild einer Frau entstehen mit einem wilden weißen Wolf, umrahmt von der Geistigen Welt.

Dieses Bild wird die Herzen der Menschen berühren. Und dann wisst ihr, dass ich es bin.

Ich, Friburg, der Zeitenspringer.

Das Königreich der Naturgeister und die Kinder

Die Naturgeister und eure Kinder sind ganz enge Freunde. Es gibt eine Vielzahl an Naturgeistern wie Elfen, Feen und Devas, die in allen Bereichen zu finden sind. Sie sind nicht nur mit Lady Gaia zutiefst verbunden, sondern auch mit den Elementen Luft, Wasser und Feuer. Sie sind eins mit den Elementen. Eure Kinder sehen sie, spielen mit und lernen von ihnen. Sie gehen oft durch die Tore dieser Königreiche.

Ja, es sind große Königreiche, denen ein großer Zauber innewohnt. Magische Welten voller Licht und Leichtigkeit. Es wird viel gefeiert in den Königreichen der Naturgeister, deswegen verspürt ihr eine große Leichtigkeit, wenn ihr mit ihnen in Kontakt kommt.

Doch derjenige, der diesen Königreichen nicht mit gutem Willen und Liebe entgegenkommt, wird einige Streiche erleben, denn die Naturgeister wollen respektiert werden und mögen es nicht, dass man ungefragt auf ihrem Land baut und sich alles aneignet. Deswegen sind auch so viele wunderbare Königreiche gegangen. Ihr spürt es. Eure Welt wurde nach und nach weniger magisch, weniger verspielt, weniger zauberhaft.

Das hing damit zusammen, dass so viele Königreiche gingen, und mit ihnen gingen der Zauber und die Magie. Was jetzt auf Erden stattfindet, ist die Rückkehr der einst verlorenen Königreiche. Ja, sie kommen zurück, und mit ihnen Lebensfreude und Leichtigkeit, das, wonach ihr euch so sehr sehnt.

Die Rückkehr hängt auch mit euren Kindern zusammen. Dank eurer Kinder können diese verzauberten Welten zurückkehren nach und nach. Sie öffnen ihnen die Pforten, damit sie auf diesen wunderschönen blauen Juwel zurückkehren können. Und sie bringen euch Geschenke mit, wundersame magische Geschenke. Das Licht auf eurem Planeten wird sich verändern. Euer Planet wird in einer wunderschönen Aura erscheinen. Es wird zwar die Dämmerung, aber im Laufe der Zeit keine richtige Nacht mehr geben. Es erstrahlt alles in einem magischen wundersamen Licht, sodass ihr auch bei Nacht durch den Wald wandern könnt, während die Bäume wunderschön erleuchtet scheinen, in einem Licht, das nicht von dieser Welt scheint. Ihr werdet es lieben, zu diesen Zeiten durch die Wälder und über die Wiesen zu gehen und die wunderschönen Schauspiele zu betrachten.

Aber lasst es euch von einer Deva erzählen, die in der Geistigen Welt höchst geachtet ist. Es ist die Deva des Zentrums der Welt, die Deva und Hüterin des Goldenen Jerusalems. Eine Königin, eine Kaiserin, eine Lehrende und Wissende. Ja, sie ist zurückkehrt, hat ihren Platz im Ätherkörper der Goldenen Stadt eingenommen und bereitet mit ihrem Gefolge den Eintritt Lady Gaias in diesen Ätherkörper vor.

Wir verneigen uns vor Serana, der Deva der Goldenen Stadt. Die Geistige Welt räumt ihr hier den Platz ein. Sie ist eine Deva, eine Hüterin. Doch lauschen wir ihren Botschaften:

Ich, Serana, bin die Hüterin des Zentrums der Goldenen Stadt und richte mein Wort an die Menschen und die Menschenkinder. Ich kenne euch. Ich kenne euch.

Ich, die längst Vergessene, wurde vertrieben und musste meine Heimat verlassen. Dunkle Mächte ließen uns nicht mehr zu, daher musste ich mit meinem Gefolge meinen angestammten Platz verlassen. Welch ein Schmerz. So beschützte ich dieses Zentrum aus der Ferne des Universums, bereitete aus der Ferne die Entstehung der Goldenen Stadt im Ätherkörper vor.

Ja, das war meine und die Aufgabe meines Gefolges. Es war zu schwer für mich in der Materie, ich hatte trotz meiner Macht keine Kraft mehr, zu bleiben. Und so erkrankte ich im Laufe der Zeit. Ich weiß, es erstaunt euch, dass ein Wesen, das nicht von dieser Welt ist, erkranken kann. Doch es war so. Die Dunkelheit, die Dichte, die ständigen Angriffe. Nur aufgrund meines geschwächten Zustands konnte man mich vertreiben. Doch ich habe zu meiner Kraft zurückgefunden.

In dem Moment, in dem immer mehr von euch erwachten und in das Goldene Jerusalem eintraten, konnte ich wieder zu meiner Kraft zurückfinden. Je mehr Menschen diese Botschaften vernehmen und ihr Bewusstsein verändern, desto kräftiger und mächtiger werde ich.

Ja, es hängt alles zusammen. Das Goldene Jerusalem, der Eintritt Lady Gaias in den Ätherkörper der Goldenen Stadt, hängt mit eurem Erwachen zusammen. Die Rückkehr des göttlichen Menschen auf Erden. Die Goldene Stadt, euer Zentrum der Welt, wird zu einem magischen Ort voller Zauber wie euer gesamter Planet. Doch diesem Ort wohnt ein besonderer Zauber inne. Diese Goldene Stadt ist von einem zauberhaften Licht umgeben, in der es keine Nacht mehr gibt.

Ja, es wird Wirklichkeit, auch wenn es euch jetzt unwirklich erscheint. Aber gerade deswegen, dank eurer Gedankenkraft. Ihr seid so machtvoll. Und dank euch wird der von euch so ersehnte Frieden auf Erden eintreten. Dank euch wird der Garten Eden auf Erden eintreten. Das Himmelreich Gottes auf Erden. Ja, es ist Wirklichkeit.

Ich weiß, in welchen Herausforderungen und Umbrüchen ihr steckt. Aber euer Leben wird wundersam, wunderbar und voller Zauber. Ich und alle anderen Königreiche der Naturgeister, egal, ob im Erdreich, in der Luft, im Feuer oder im Wasser, wir bringen euch den Zauber zurück. Und wir bringen euch überall auf Erden ein wundersames Licht.

Ihr seht es schon an bestimmten Stellen auf eurem Planeten und nennt es Polarlichter. Diese Lichter werden überall auftauchen, und noch vieles mehr. Wenn ihr durch eure Wälder spaziert und es eigentlich Nacht ist, werdet ihr Lichtspiele in allen Regenbogenfarben erleben. Das sind unsere Geschenke an euch, ihr Lieben. Unsere Geschenke an den göttlich erwachten Menschen auf Erden.

Deswegen, meine Lieben, schreitet weiter voran. Gebt nicht auf. Wir unterstützen euch, wo es geht. Wir wissen, wie schwierig diese Übergangszeit ist. Wir wissen um euren Kummer, wir wissen es. Und wir, die Königreiche der Naturgeister, arbeiten genauso mit euch wie die Engelreiche. Wir lassen euch nicht allein, nein, wir lassen euch in dieser Übergangszeit nicht allein. Wir kehren zurück und unterstützen euch mit unseren liebevollen Energien.

Wenn ihr durch die Wälder geht oder euch am Wasser aufhaltet, sprechen wir mit euch, trösten euch, führen euch Energien zu, öffnen euer Herz und lindern euren Schmerz.

Und einst wird der Tag kommen, meine Lieben, und der Tag ist jetzt, an dem ich euch meine Hände reiche. Und ich reiche sie euch jetzt und heiße euch willkommen im Zentrum der Goldenen Stadt.

Meine Freundin, mein Freund, ich reiche dir die Hände. Wir sind alte Bekannte. Wir kennen uns schon sehr lange.

In einst vergangenen Zeiten existierte dieses Goldene Jerusalem auf Erden. Doch die Schwere der Dichte, die Dualität, zerstörte es. Und jetzt erwacht es wieder, parallel zu eurem Erwachen. Welch ein Segen, welch ein Licht. Jetzt reiche ich euch die Hände. Beim nächsten Treffen schaue ich euch in die Augen, und ihr werdet euch an einst vergangene Zeiten erinnern. Ihr werdet euch erinnern.

Die Kinder der Goldenen Stadt

Die Kinder und das Goldene Jerusalem

Die Kinder und das Goldene Jerusalem. Sie sind die Zukunft und das Neue Zeitalter, genauso wie ihr, die Eltern, und jeder, der diese Botschaften liest. Ihr seid alle das Goldene Jerusalem. Ohne euch wäre die Heilung und Rettung des Planeten Erde nicht möglich. Ohne euch hätte es die Menschheit nicht geschafft. Jeder, der diese Botschaften liest, jeder, ohne Ausnahme, ist Gründer und Bewohner der Goldenen Stadt.

Deswegen appelliert die Geistige Welt an euch. Schreitet voran, bleibt nicht stehen. Lasst euch nicht in die Irre führen. Öffnet euer Herz.

Denkt mit eurem Herzen. Durch das Lesen dieser Zeilen helfen wir euch, mit dem Herzen zu denken und mit dem Verstand zu fühlen. Der Grund für so viel Leid auf Erden, in Beziehungen und das allgemeine menschliche Leiden, ist, dass ihr euch immer wieder „verkopft". Immer wieder, und so verliert ihr euch und euren Kontakt zu eurem Seelenplan, und plötzlich spürt ihr euch nicht mehr. Und die jetzigen Strukturen „verkopfen" eure Kinder. Sie verlieren sich so, wie ihr euch verloren habt. Deswegen müssen die jetzt neu entstehenden Strukturen aus dem Herzen heraus erschaffen werden.

Die Strukturen der Neuen Zeit sind im Einklang mit dem Herzen, egal, ob Schulen, wirtschaftliche oder politische Strukturen. Sie erlauben kein „Sich Verlieren". Nein, das geht nicht mehr in der Neuen Zeit. Die Geistige Welt hat lange beobachtet, wie viel zerstört wurde, weil ihr verlernt habt, aus dem Herzen heraus zu denken. Viel wurde dadurch zerstört und viel Glück verhindert. Dadurch hatte immer wieder das Ego die Oberhand. Deswegen denkt aus eurem Herzen heraus. Entscheidungen, die aus dem Herzen heraus getroffen werden, tun euch gut und bringen euch Frieden, wogegen Entscheidungen, die aus dem Verstand heraus getroffen werden, Unruhe, Schmerz und Kummer bringen und immer wieder Prozesse auslösen. Daran könnt ihr es erkennen. Ihr habt euch ein Sicherheitsnetz zugelegt. Solltet ihr eine Entscheidung aus dem Verstand heraus treffen, die nicht eurem Seelenplan entspricht, werden die Prozesse so heftig, dass ihr irgendwann umkehren müsst. Deswegen: Der Eintritt in das Goldene Jerusalem kann nur mit dem Herzen erfolgen.

Eure Kinder sind eure Lehrmeister. Sie denken mit dem Herzen und sind in der Leichtigkeit. Sie sind eure Lehrmeister. Und hier spielt es keine Rolle, ob ihr eigene Kinder habt oder nicht. Es spielt keine Rolle, denn die Botschaften dieses Buches sind an die gesamte Menschheit gerichtet, nicht nur an Eltern und ihre Kinder. Weil ihr wieder werdet wie die Kinder und viele von euch in diesem weltweiten Netzwerk arbeiten werden.

In diesen Zeilen ist ein Weckruf enthalten. Wenn ihr sie lest, erfolgt gleichzeitig ein Weckruf sowie der Ruf, dieses weltweite Netzwerk, das bereits beschrieben wurde, zum Leben zu erwecken. Denn ihr tragt die Mosaiksteine für dieses Netzwerk in euch. Ihr tragt die Mosaiksteine in euch. Deswegen ertönt jetzt dieser Weckruf, um eine Generation von Kindern und ihre Familien aufzuwecken. Die Organisation, die dieses weltweite Netzwerk koordiniert, ist in der Entstehung, und der Mensch, der die Vision dieser Organisation in sich trägt, muss die Zeit enorm beschleunigen und durch eine Zeitschleuse gehen, wie es selten ein Mensch auf Erden erlebt hat.

Großes spielt sich zurzeit hinter den Kulissen ab. Für euch nicht sichtbar, werden die Fäden jetzt von eurem Höheren Selbst gezogen.

Und wir sagen euch: Wir, die Geistige Welt auf der Ebene der Frequenz der Erzengel, der Engel, der Aufgestiegenen Meister, der Würdenträger der Sternensaat, wir sind euer Höheres Selbst. In euch sind unsere Aspekte inkarniert, in euch und in euren Kindern. Und nicht nur eure Kinder sind Indigo-, Kristall- und Regenbogenkinder, ein vierter Begriff fehlt hier noch: Der Begriff für die Schwingung des Goldenen Jerusalems, die Schwingung der Kinder der Kinder auf der Frequenz 121212 – wir nennen es zunächst die Vollkommenheit, ja, ihr seid auch diese Aspekte.

Eure Kinder spiegeln es euch nur, damit ihr erwacht. Und es wird nie aufhören. Die Schwingungen werden sich immer weiter anheben. Es wird nie aufhören.

Ihr tretet ein in die Goldene Stadt und tragt damit zur Entstehung des Garten Eden auf Erden bei. Ihr seid die Erbauer der Goldenen Stadt und des Goldenen Zeitalters. Deswegen nehmt eure Herzenswünsche ernst, denn sie sind die Mosaiksteine für dieses Neue Zeitalter. Heilt Euch. Nehmt Hilfe an, während ihr euren Weg geht. Wir unterstützen, führen und leiten euch. Aber wenn ihr einem menschlichen Mentor begegnet, nehmt seine Hilfe an, dann habt ihr es leichter, den Weg zu gehen und wieder zu euch zu finden. Die Zeit drängt, obwohl die Geistige Welt ungern von Zeit spricht. Aber der Mensch selbst ist die Zeit, und ihr als Menschheit habt die Zeit jetzt so beschleunigt, dass selbst wir, die Geistige Welt, den Atem anhalten und das Geschehen ehrfürchtig beobachten. Gottvater selbst bestrahlt euch kontinuierlich mit Gnadenenergie und nimmt euch alles ab, was eure Seelenpläne zulassen.

Wir ehren und achten euch. Wir wissen, wer diese Zeilen liest. Wir wissen es. Wir können jeden von euch beim Namen nennen. Jeden von euch.

Botschaft von Jeshua

Seid gegrüßt, meine Kinder, und alle, die diese Zeilen lesen. Ich kann jeden von euch beim Namen nennen. Viele von euch kenne ich persönlich aus meiner Inkarnation als Jesus und aus der euch weniger bekannten Inkarnation in Atlantis. Ich begleite euch, bin bei euch, beobachte das Geschehen und arbeite und wirke durch euch. Viele von euch lassen ständig meine Energie durch sich fließen, wenn sie unter ihren Mitmenschen sind und tragen so zur Vermehrung der Christusenergie auf Erden bei.

Diese Energie ist die Energie des göttlich erwachten Menschen auf Erden, die Energie von Jesus, der zu Jesus Christus wurde. Genauso wird jeder Mensch auf Erden zu Christus, zum göttlich erwachten Menschen auf Erden: Christus, der Mensch Christus.

Deswegen schreitet voran und nehmt die Hilfe der Geistigen Welt an. Wir sind um euch, führen und leiten euch. Und wenn ihr uns nicht vernehmen könnt, sprechen wir durch andere Menschen zu euch. Wenn also ein Hinweis dreimal an euch herangetragen wird, nehmt diesen bitte ernst, denn dann handelt es sich um eine Botschaft aus der Geistigen Welt. Ihr seid nicht allein, wir sind um euch und wirken durch euch. Ich bin hier und spreche zu euch, um euer Herz zu öffnen.

Wir wissen, wie viele aufgrund der Schmerzen ver-

gangener Inkarnationen Schwierigkeiten haben, ihr Herz zu öffnen. Doch eure Herzensöffnung ist die Grundvoraussetzung für euer Wirken, für euren Weg. Ihr müsst es spüren können, dann könnt ihr alles umsetzen. Dann habt ihr die Kraft und die Mittel, eure gottgegebenen Visionen umzusetzen.

Deswegen öffne ich jetzt euer Herz und umhülle euch mit Gnadenenergie. Lasst Heilungsenergien einfließen für die Schmerzen, die ihr erlitten habt. Sind eure Schmerzen geheilt, könnt ihr wieder fühlen − könnt euch wieder fühlen.

Öffnet euch für die Heilungsenergie und das goldene Licht, das jetzt euren Körper durchströmt. Öffnet euch. Ich weiß um euren Schmerz und eure immer wiederkehrenden Zweifel. Es sind Schattenenergien, die nicht der Wirklichkeit entsprechen, und diese Energien werde ich jetzt in dem Ausmaß transformieren, wie eure Seele es zulässt.

Jetzt dürfen Tränen kommen. Es kann sein, dass es sich anfühlt, als ob euer Herz zerreißt. Lasst es zu. Ich, Jesus, nehme euch jetzt den Schmerz und flöße euch eine neue Energie zu. Es ist die Energie 121212, die Energie der Vollkommenheit, die jetzt auf Erden ist, die Energie des Goldenen Jerusalems. Spürt jetzt diese Energie. Spürt es. Lasst euch durchrieseln. Ja, es ist die Energie der Leichtigkeit und die Energie der Kinder der Kinder.

Ich, Jeshua, ich, Jesus, der Christus, ich, in der Geistigen Welt Lord Sananda genannt, spreche zu euch. Ich kann jeden von euch beim Namen nennen. Und ich bitte euch: Schaut auf eure Kinder, damit sie sich nicht verlieren.

Und ich bitte die Kinder: Schaut auf eure Eltern, schaut, dass sie wieder zu sich finden. Sie haben sich in eine Welt aus Strukturen verloren, in der der Ruf des Herzens nicht erlaubt ist und der berechnende Verstand Einzug gehalten hat.

In eine Welt aus Strukturen, deren Ziel es immer war, dass der Einzelne seine Macht verlor und vergaß, wer er ist. In einer Welt aus Strukturen, in der es nicht erwünscht war zu wissen, wer man ist. Deswegen, ihr Kinder: Fühlt hinein in eure Eltern, wie sollten sie es denn sonst machen? Sie müssen sich erst wieder erinnern, wer sie sind. Und deswegen seid ihr da, meine Kinder, um ihnen zu helfen.

Ich kann jeden Einzelnen beim Namen nennen. Jeden Einzelnen.

Ich, Jeshua, ich, Jesus, der Christus, ich, in der Geistigen Welt Lord Sananda genannt, spreche zu euch. Ich bin, der ich bin, ich bin, der ich war, ich bin, der ich immer sein werde.

So sei es.

Botschaft von Gott

Ich, Gottvater, die ICH BIN-GEGENWART, ich spreche zu euch. ICH BIN Gott. Meine Menschenkinder, spürt mich. Ich kann jeden von euch beim Namen nennen und freue mich, wenn ihr unbefangen mit mir sprecht.

Ich liebe die einfachen Worte, den lockeren Umgang. Es gibt keinen Grund, mich zu fürchten. Ihr seid meine Schöpfungen, und ich wirke durch euch. Sprecht mit mir, ihr könnt mir alles erzählen, alles. Ich freue mich so sehr, wenn ihr mit mir sprecht. Und ihr, die Erwachsenen: Schaut, wie unbefangen die Kinder mit mir umgehen. Ja, genauso sollt ihr sein: unbefangen.

Ich bin kein strafender, zürnender Gott. Das menschliche Ego hat mich zu einem solchen Gott gemacht, doch ich werte nicht darüber. Ihr hattet euch durch die Dualität Wahlmöglichkeiten eingebaut. Deswegen wusste ich darum. Aber der Weg des göttlich erwachten Menschen ist auch ein Weg zu mir. Ihr erkennt mich in euch und erkennt:

WIR SIND EINS.
ALL-EIN-HEIT.

Das ist es.
Wir sind eins.
Nie war ich außerhalb von euch. Nie.

Ihr fragt euch, wie das alles möglich war und weiterhin ist, dieses menschliche Leid auf Erden. Und ich sage euch: Weil ihr mich vergessen hattet. Nicht Gott an sich, aber Gott in euch. Ihr hattet mich in euch vergessen. Und nun geht ihr den Weg, bei dem ihr euch an mich erinnert. Und dieser Weg ist in euch. Ich war nie außerhalb von euch, meine Lieben. Und nun erinnert ihr euch, und einhergehend mit dieser Erinnerung kehrt ihr zurück zu eurer eigenen Macht. Ihr werdet euch SELBST-BE-WUSST und SELBST-BE-STIMMT.

*Ich weiß um eure Sorgen, Herausforderungen und euer Leid. Meine Stimme in euch wird für euch immer lauter. Und euer Herz kann durch mein Erkennen endlich wieder fühlen – **sich** wieder fühlen. Das ist die Ursache eures größten Schmerzes: euch nicht mehr fühlen zu können. Denn dadurch könnt ihr eins nicht leben: die göttliche Liebe, auch in euren zwischenmenschlichen Beziehungen.*

Ihr fragt euch, warum es so viele Blockaden in eurem Leben gibt, warum ihr keine Klarheit über euren Weg erhaltet und nichts mehr spüren könnt. Weil ihr euer Herz vor der stärksten Kraft des Universums verschlossen habt. Deswegen ist die zwischenmenschliche Liebe so wichtig, weil sie euer Herz öffnet, erst dann kann die stärkste Kraft des Universums fließen, und ihr erfahrt Heilung in allen Bereichen eures Lebens.

Ich weiß, was ihr jetzt denkt, ich weiß es: Wie soll die

menschliche Liebe gelebt werden ohne einen Partner an der Seite oder mit einem Partner, mit dem ständig Disharmonien stattfinden? Oder ihr liebt einen Partner, der unerreichbar für euch ist und sich ständig der Liebe verschließt, von dem ihr euch aber trotzdem nicht lösen könnt. Meine Lieben, ich weiß, ich weiß. Gott weiß um euer Dilemma. Gott weiß darum. Es sind Situationen, die geheilt werden. Niemand im neuen Zeitalter soll ohne die zwischenmenschliche Liebe leben. Niemand. Deswegen erfahren eure Partnerschaften Heilung, und denjenigen, die ohne Partner sind, wird der richtige Partner zugeführt. Ihr sollt nicht mehr alleine sein, weder innerhalb einer Partnerschaft oder gar ohne Partner. Nein, das wird sich alles ändern.

Aber ihr befindet euch momentan noch in großen Transformations- und Heilungsprozessen. Deswegen finden natürlich auch große Turbulenzen in eurem Privatleben statt. Und ich sage euch: Es tritt die Wende in euer Leben. Ich selbst sorge dafür, dass ihr nicht mehr lange alleine seid und eure zwischenmenschlichen Beziehungen Heilung erfahren. Ich weiß, wie sehr euch diese Themen beschäftigen. Ich weiß darum. Deswegen bin ich darauf eingegangen und sende meine Gnadenenergie in die Situationen, die euch so belasten.

So öffnet jetzt eurer Herz für meine Gnadenenergie. Die Herzöffnung ist der Schlüssel zu eurer Heilung. Ihr als Menschheit habt die Zeit beschleunigt und beschlossen, schneller als erwartet in das Goldene Zeitalter einzutreten. Dementsprechend lassen eure Seelenpläne meine Gnadenenergie zu. Es wurden bereits Botschaften über die Ängste und Traumen an euch weitergegeben, die ihr aus vergangenen Leben mit in dieses Leben gebracht habt und die ihr euch vorgenommen habt, vollkommen zu heilen. Über diese Botschaften fließt eine große Gnadenenergie, sodass ihr sie schneller transformieren könnt.

Ich verstärke jetzt noch einmal diese Gnadenenergie, gehe hinein in euer Herz, durchflute euch mit goldsilbernem Licht und transformiere für euch, damit es jetzt leichter wird. Spürt mich. Spürt Gott in euch.

Der Schlüssel zur Heilung liegt in eurer Herzöffnung. In dem Moment, in dem ihr aus dem Herzen heraus lebt, müssen Ego und Schattenenergien weichen. Dann seid ihr klar und frei. Deswegen überreiche ich euch das Geschenk der Herzöffnungsenergie. Nehmt dieses Geschenk an, schreitet weiter voran. Seid im Vertrauen. Seid im Urvertrauen. Hört auf, eurem Herzen zu misstrauen. Hört auf. Traut den Botschaften eures Herzens. Hört auf, euch selbst zu belügen. Ja, das machen viele von euch, um nicht auf das Herz zu hören. Der Ort, an dem ich wohne, der Ort in euch, in dem alle eure Antworten zu finden sind: Dort findet ihr alle Antworten.

Die Schätze, die ihr sucht, sind in euch. Sie liegen dort, doch ihr wollt sie einfach nicht öffnen. Ich helfe euch, *ich öffne sie für euch. Dort sind sie, die Kostbarkeiten des Lebens, die Lösungen für eure Herausforderungen, die Visionen, die Klarheit. Dort ist die Antwort auf die ständige Frage, wohin euer Weg führt, was allgemein euer Weg ist. Dort, an diesem Ort in eurem Herzen. Doch wenn euer Herz ständig verschlossen ist, wie wollt ihr dorthin gelangen? Wie, wenn ihr die Tür zu eurer eigenen Schatzkammer verschließt?*

Deswegen öffne ich jetzt euer Herz und die Schatzkammer. Achtet auf die Gedanken, die in der nächsten Zeit kommen. Achtet auf die Wünsche, die in der nächsten Zeit in eurem Herzen und in euren Gedanken auftauchen. Nehmt sie ernst. Nehmt sie ernst, eure Wünsche, denn über eure Wünsche kommuniziere ich mit euch. Es sind die Visionen, die ich durch euch in die Materie bringen möchte. Ja, so einfach ist das. Und natürlich stelle ich euch alles zur Verfügung, diese Visionen umzusetzen. Ihr müsst nur eins tun: Nehmt es ernst!

Ich bin in euch und überwache das Geschehen. Ihr wart, seid und werdet niemals alleine sein.

Ich, die ICH BIN-GEGENWART, spreche zu euch:

AMIN NORA DE SAN.
Dein und mein Wille sind eins.

Geschichten

Im letzten Kapitel erhaltet ihr noch wunderschöne Geschenke in Form von Geschichten, die euer Herz öffnen und berühren. Es sind gleichzeitig Toröffnungen in verborgene Welten. Sie sollen euch entspannen und euch in die wundersamen Welten eures Planeten eintauchen lassen.

Geschichten von Lady Gaia

Einst auf Erden, in einer fernen Zeit, existierten verzauberte Reiche, Königreiche, versunkene Welten, die miteinander verbunden waren. Wesen, nicht von dieser Welt, und doch von Erden. Ihr habt sie bloß vergessen. In Sagen und Märchen werden ihre Geschichten erzählt. Doch schaut hin: Sind sie nicht die Wirklichkeit? Sind sie nicht die Wirklichkeit?

Ich möchte euch Geschichten von vergangenen Zeiten erzählen, die die euren sind. Geschichten vergangener Leben, die euch ins Erinnern führen. Sie wirken auf euch, als wären sie nicht von dieser Welt – gerade deswegen sind sie von dieser Welt.

Königreiche aus vergessenen Welten, die ihr im Inneren eures Herzens nicht vergessen habt. Manchmal spürt ihr Momente, zauberhaft, ein Klang, ein Wort, ein Name aus einer wundersamen Zeit, und es kommt eine Sehnsucht in euch auf. Es ist das Erinnern an diese wundersamen Zeiten, in denen die verschiedenen Königreiche nebeneinander lebten und der Austausch zwischen ihnen selbstverständlich war.

Und so erzähle ich euch aus einst vergangenen Tagen, um euch an den Zauber zu erinnern, der diesen Welten einst innewohnte. Damit dieser Zauber zurückkehrt.

Einst existierte auf Erden ein wundersames Land mit zauberhaften Bewohnern. Es hieß

Lemuria.

Erinnert euch – Lemuria. Menschen, die dort lebten, waren göttliche Mensch. Menschen aus Lemuria, euch besser bekannt als Lemurien.

Die Farben der Landschaft strahlten so wunderbar, wie ihr es euch nicht vorstellen könnt. In allen Regenbogenfarben strahlte das Land von innen heraus. Die Städte waren aus Kristall. Magische Städte, überirdisch schön, nicht von Erden, und doch hoch gelegen im Zentrum Lemuriens. Die Stadt der Heiler, der Magier, der Träumenden, der Sehenden, der Wissenden, der Künstler, um nur einige zu nennen. Diese Städte bildeten das Zentrum von Lemurien, und ihre Bewohner waren hoch geachtet und geehrt.

Ich erzähle euch von der Stadt der Träumenden, und die Hauptperson dieser Geschichte ist Alia.

Alia wuchs auf der Meeresseite Lemuriens auf und kommunizierte mit den Walen und Delfinen Lemuriens. Seit sie laufen konnte, ging sie immer in Begleitung ihrer Mutter und Geschwister ans Meer und grüßte die Engel und Götter des Meeres.

Es sprach sich unter den Meeresengeln schnell herum, dass ein Mädchen sie aus der Ferne hören konnte. In ihren Träumen reiste sie mit den Meeresengeln und ging durch ihre Schule.

Sie reiste in die Königreiche der Meere, Städte voller Wunder unter dem Meeresspiegel. Wie auf dem Land befanden sich auch unterhalb des Meeresspiegels Kristallstädte. Dorthin reiste Alia und erhielt ihre Schulungen. Sie lernte dort, Träume zu weben, das Wissen, die gottgegebenen Visionen aus den Träumen zu empfangen. Träume weben.

Und sie spielte dort mit den Wal-und Delfinkindern. Die Freundschaft zwischen ihnen dauerte das ganze Leben bis in die Geistigen Welten, denn Alia stammte ursprünglich von den Delfinen vom Planeten Sirius ab, ein Delfin, der beschlossen hatte, nach Lemurien zu kommen. Ein Delfin in einem menschlichen Körper.

Delfine lieben es, Träume zu weben, einzusinken in die Leichtigkeit, in das Sein, und in den Träumen zu versinken. Träume weben.

Alia war etwas Besonderes. Alle Kinder aus Lemurien waren etwas Besonderes, ich könnte euch von jedem eine Geschichte erzählen. Doch Alia, die Träumeweberin, wurde sehr schnell in Lemurien bekannt. Jeden Tag stand sie am Strand, in der Regel in Begleitung ihrer Mutter und ihrer Geschwister, später oft allein. Immer wenn sie sich dort aufhielt, kamen die Delfinfamilien, die Engel der Meere, oft auch Walfamilien, die Götter der Meere. Es war jedes Mal ein großes Ereignis.

Ich muss dazu sagen, dass die Lemurianer die Delfine und Wale verehrten. Stundenlang konnten sie am Strand verharren und das Geschehen beobachten, wenn sie auftauchten. Dann veränderte sich jedes Mal das Licht. Regenbogenlichter tauchten aus dem Wasser auf und stiegen in den Himmel. Und in diesen Lichtern stiegen die Engel der Meere zu einem anmutigen Tanz auf, was keine alltäglichen Begebenheiten waren.

Aber jeder wusste, wenn sich Alia am Strand befand, dann waren auch die Engel der Meere versammelt. Ihr Name sprach sich in Windeseile in ganz Lemurien herum, bis zu den Kristallstädten. Es war üblich, dass die Seher der Kristallstädte ihre Schüler in den verschiedenen Wissensgebieten in den einzelnen Familien ausfindig machten und sie in ihre Schule holten. Für die Familie war es immer eine große Ehre und Freude, wenn eins ihrer Kinder in eine der Kristallstädte geholt wurde.

Ich muss dazu sagen, dass die Lemurier selbst wie die Kinder waren. Sie liebten das Spiel, Feste, die Leichtigkeit. Ihr Leben war die Leichtigkeit selbst. Auch der Arbeitsalltag. Alles befand sich in einer Art Meditation. Jede Bewegung, jede Handlung, alles geschah mit großem Bewusstsein. Und wenn während der Arbeit ein wunderschöner Schmetterling auftauchte, legte man die Arbeit beiseite und betrachtete den Schmetterling. Alles war Spiel, Leichtigkeit, alles war im Hier und Jetzt.

Wie gesagt, es war eine große Ehre, wenn die Seher der Kristallstädte ihre Schüler auswählten. Und so wurde auch Alia ausgewählt. Bereits seit ihrer Geburt wussten die Seher um ihre Größe und Besonderheit. Ein Engel des Meeres vom Planeten Sirius in einem menschlichen Körper. Und ihre Aufgabe war es, Träume zu weben. Die Verwebung der Träume der Engel der Meere mit der Verwebung der Träume von Sirius und der Kristallstadt Lemuriens.

So wurde Alia eines Tages vom Seher der Kristallstadt der Träume abgeholt. Es war ein großes Ereignis, und natürlich wusste Alia davon. Sie war ja schließlich eine Träumeweberin. Und darin sah sie sich in der Kristallstadt der Träume, groß und bekannt in ganz Lemurien. Hoch geehrt und geachtet.

Der Abschied fiel ihr trotzdem nicht leicht. Sie war noch so jung an Erdenjahren, doch so alt an Seelenalter und weit gereist von Sirius. Sie liebte ihre Familie, ihre Eltern und Geschwister. Doch alle waren sehr weise und wussten, dass sie einander nie verlieren konnten, auch nicht über räumliche Distanzen. Und so kam Alia in die Kristallstadt der Träume und Träumewebenden. Die Stadt lag mit vielen anderen Kristallstädten hoch auf einem überdimensionalen Bergkristall, der ein leuchtendes, strahlendes, kraftvolles, pulsierendes Licht ausstrahlte. Alia kannte bereits alles aus ihren Träumen, und trotzdem erschauerte sie vor Ehrfurcht, als sie die Kraft und Klarheit, die von diesem Ort ausging, zum ersten Mal sah. Ein Ort der Wahrheit, das Zentrum Lemuriens und der Ort ihres Wirkens und Seins.

Nur dank Gedankenkraft gelangte man in diese Städte, nur mit reinen Gedanken und in der Absicht der bedingungslosen Liebe. Es war eine Schutzeinrichtung, weil die Erbauer dieser Stadt wussten, dass Lemurien mit dem Eintritt der Luziferenergie auf Erden untergehen und im Meer versinken würde. Doch das Wissen Lemuriens sollte beschützt sein, auch wenn die dunklen Mächte das Land zerstören würden. Die Bewohner selbst wussten nichts davon, jedoch die Seher der Kristallstädte, und so auch Alia.

In ihren Träumen sah sie den Untergang Lemuriens. Und sie hatte ein Ziel – sie machte sich eine Aufgabe, ein Lebenswerk zum Ziel. Im Laufe ihres langen Lebens, ja, sie wurde alt an Erdenjahren in einem immerwährend jungen Körper, hatte sie nur ein Ziel: einen großen Traum weben. Der Traum, dass das untergegangene Lemurien wieder auferstehen würde.

Und so begann sie, neben ihren vielseitigen Tätigkeiten, an diesem Traum zu weben, von einer fernen Zukunft, in der das untergegangene Lemurien wieder zum Leben erweckt würde, in der der einst göttliche Mensch nach dem Abstieg in die Dunkelheit und in die Materie wieder zu dem erwachen würde, was er einst in Lemurien gelebt hatte. Sie webte die Auferstehung Leumuriens. Alles, was untergegangen war, sollte wieder auferstehen. Und sie webte die Bewohner Lemuriens, die in dieser fernen Zeit inkarnieren und das Wissen aus Lemurien erneut in das ferne, wieder erblühende Zeitalter bringen würden. Ja, meine Menschenkinder, sie webte euch in ihre Träume, die einstigen Bewohner Lemuriens.

Ihr seid die einstigen Bewohner Lemuriens. Ihr seid es, ihr. Und Alia webte jeden Einzelnen von euch hinein in ihre Träume, denn Träume werden Wirklichkeit. So wird das Weben der Träume der einst größten Träumeweberin von Lemurien jetzt Wirklichkeit. Und sie träumte davon, dass jetzt diese Zeit des göttlich erwachten Menschen auf Erden, der sich wie ein Phönix aus der Asche aus der Dunkelheit erhebt, gekommen ist – strahlend, erhaben, machtvoll – , und sie webte in ihre Träume einen überdimensionalen Bergkristall, darauf 33 Städte aus Kristall, und jede Stadt steht für ein Wissensgebiet.

Und sie webte sich hinein in die Stadt der Träume. Ja, Alia selbst wird wieder in dem einst versunkenen Lemurien sein, auferstanden aus der Materie, strahlend, erhaben, kraftvoll im Zentrum mit seinen Kristallstädten. Und die Menschen werden wissen, dass Lemurien wie einst Atlantis nie ein Mythos war. Beide waren Wirklichkeit, und jetzt sind sie wieder da.

Und sie webte in ihre Träume Menschen, die, egal, von welchem Ort aus, mit den Engeln und Göttern der Meere kommunizieren und tiefe Freundschaften pflegen. Sie webte Regenbogenlichter hinein, die leuchten, wenn die Engel und Götter der Meere in Küstennähe auftauchen, um den Neuen Menschen auf einer Neuen Erde zu begrüßen. Und sie webte das erstrahlende Goldene Jerusalem hinein, das Zentrum der Neuen Welt, verbunden mit den Zentren von Lemurien, Atlantis und dem wiedererwachten Goldenen Ägypten. Und schließlich webte sie sich hinein in diese Geschichte, erzählt von mir, Lady Gaia, der Geschichtenerzählerin. Sie webte sich hinein in dieses Buch, denn sie webte selbst dieses Buch, das die Herzen der Menschen an die Leichtigkeit Lemuriens erinnern soll.

Sie webte dieses Buch, um die Verbindung zu Lemurien wieder herzustellen, denn der Neue Mensch auf Erden ist der Mensch des einst versunkenen Lemurien. Und mit dem Neuen Menschen auf Erden entsteht das einst untergegangene Lemurien neu.

Und sie webte euch, die Leser, mit hinein, viele von euch kannten Alia persönlich, und viele von euch werden ihr wieder begegnen.

Geschichten aus dem Königreich der Tiere

Das Königreich der Tiere ist vielfältig, bunt, weise und stammt von fernen Planeten und Universen ab. Vielfältig, verspielt und liebevoll wartet es auf die Rückkehr des göttlichen Menschen auf Erden, dass dieser wieder voll und ganz auf Erden ist. Mit Sehnsucht nach den einst Goldenen Zeitaltern und in froher Erwartung des zukünftigen Zeitalters. Das Zeitalter im Hier und Jetzt. Denn mit der vollkommenen Rückkehr des göttlich erwachten Menschen öffnen sich verborgene Türen zu den Königreichen, und der Mensch darf wieder eintreten in diese Welten, wie umgekehrt die Königreiche als Freunde und Gefährten wieder in das Reich des Menschen eintreten werden.

Ein Freund des Menschen meldet sich an dieser Stelle und möchte eine Geschichte erzählen. Es ist die Katze Kassandra. Also lauscht dieser Geschichte, erzählt von Kassandra, der Grenzgängerin:

Ich, Kassandra, auch die Grenzgängerin genannt, erzähle euch aus meinem Leben. Ich bin eine schöne Katze, anmutig, geschmeidig, mit einem tiefblauen samtigen Fell und bernsteinfarbenen Augen. Mein Fell ist kurz, glänzend und fühlt sich seidig an, wenn man darüberstreicht.

Ich liebe das Leben, das Sein, die Freiheit. Mein Alter

ist grenzenlos. Ich wandere zwischen den Dimensionen, bin überall und nirgends, und habe natürlich meine Lieblingsplätze. Ich tauche hier und dort auf und komme und gehe, wie es mir passt.

Ich bin eine Katze, eine Katzendame, genauer gesagt. Frei und unabhängig liebe ich das Sein und das Reisen und wandere zwischen den Dimensionen. Manchmal kann man mich sehen, an manchen Tagen materialisiere ich mich – wenn zum Beispiel ein Kind an mir vorbeiläuft, zeige ich mich und lasse mich streicheln. Ich spüre es, wenn das Kind es braucht. Dann schnurre ich und zeige mich. In der Regel bin ich aber für euch nicht sichtbar.

Zurzeit habe ich einen besonderen Lieblingsort, an dem ich mich aufhalte. Ich leiste einer Frau Gesellschaft, die viel schreibt und alleine lebt. Sie leistet eine wertvolle Arbeit für die Menschheit, jedoch macht diese Arbeit auch sehr einsam, weswegen ich bei ihr bin. Ich streiche ihr um die Beine und schnurre viel. Dann bekommt sie immer wieder Kraft und spürt die Liebe, denn ich strahle bedingungslose Liebe aus.

Ich habe bei ihr einen Lieblingsplatz auf dem Sofa, dort rolle ich mich in die Kissen und döse vor mich hin. Es ist ein spannender Ort bei dieser Frau, denn sie bekommt ständig Besuch aus der Geistigen Welt, und so bekomme ich viele Würdenträger zu Gesicht, wie Christus selbst, Erzengel Michael, Mutter Maria, um nur einige Wenige zu nennen. Und das Schönste ist: Immer wenn sie bei ihr sind, kommen sie auch zu mir, streicheln mir übers Fell und unterhalten sich mit mir. Sie fragen, wie es mir geht und was ich durch meine Reisen alles an Neuigkeiten weiß. Das sind immer wunderschöne, lustige Gespräche, und wir lachen sehr viel.

Übrigens, Friburg, der Zeitenspringer, ist auch hier, wir haben sehr viel Spaß miteinander und erzählen uns gegenseitig Geschichten. Wir sind uns immer wieder auf unseren Reisen begegnet. Friburg ist ein Zeitenspringer, und ich bin eine Grenzgängerin.

Wie gesagt, das ist zur Zeit mein Lieblingsplatz, und ich bin dort sehr glücklich, habe es warm und kann tun und lassen, was ich möchte. Sie lässt mich so, wie ich bin, und ist sehr glücklich über meine Anwesenheit. Wenn ich mich gerade nicht ausruhe und auf dem Sofa liege, gehe ich hinaus. Dann unterhalte ich mich oft mit den Vögeln. Sie sind sehr gesprächig, manchmal sogar sehr tratschend, je nach Temperament. Mittlerweile kommen immer neue Vogelsorten dazu, angereist aus der Sternensaat, dem Ursprung aus fernen Planeten.

Gerne unterhalte ich mich auch mit den Naturgeistern. An dem Ort, an dem ich zurzeit weile, gibt es einen Fluss. An diesem Fluss sitze ich oft im Wald und unterhalte mich mit der dortigen Deva des Platzes oder mit den Flussgeistern. Es ist sehr schön, und wir haben uns immer lustige Geschichten von längst vergangenen Zeiten zu erzählen, aber auch traurige.

Ich bin eine Grenzgängerin zwischen den Dimensionen und verweile oft in der Siebten Dimension. Es ist die Dimension der Drachen und Einhörner. Und ich sage euch: Sie kehren zurück beziehungsweise waren nie weg. Aber ihr Menschen habt angefangen, sie aus eurem Herzen auszuschließen, und so mussten sie eure Dimension verlassen, und mit ihnen ging der größte Zauber auf Erden. Und damit fing die Entzauberung der Erde an, und das Verschließen eures Herzens begann.

Ich möchte jetzt von Anaisha berichten, dem Einhorn aus der Siebten Dimension. Anaisha ist ein strahlendes, besonderes Einhorn, und sie liebt einen Drachen, was sehr ungewöhnlich ist. Normalerweise sind Einhörner unter Einhörner und Drachen unter Drachen. Aber hier liebt Anaisha den Drachen Adragon. Und der Drache Adragon liebt Anaisha. Diese Liebe ist kein Zufall, sondern ein Symbol für dieses neu entstehende Goldene Zeitalter. Beide sind von einer unbeschreiblichen Schönheit, und ihre Liebe zueinander entspricht der göttlichen Führung.

Die Liebe eines Einhorns ist magisch. Es ist das größte Geschenk, von einem Einhorn geliebt zu werden, denn das ist sehr selten und kostbar. Wenn Einhörner nicht lieben dürfen, sterben sie, sie gehen zugrunde. Sie müssen einfach lieben, denn sie sind das Symbol für Schönheit,

Anmut, Magie und bedingungslose Liebe. Drachen können einfach existieren. Sie sind Einzelgänger und brauchen nicht unbedingt einen Partner an ihrer Seite. Drachen sind halt Drachen, kraftvoll, aber trotzdem sehr anmutig – stolz, mutig, aber auch sehr verspielt und warmherzig. Sie können aber je nach Gemütslage sehr brummig und auch wankelmütig sein. Es gibt solche und solche.

Tja, und nun ist etwas ganz Besonderes geschehen: Anaisha, eines der schönsten Einhörner überhaupt, ist auf einer Reise Adragon, dem Drachen, begegnet. Adragon ist ein ganz besonderer Drache mit perlmuttfarbenen Schuppen, groß und kraftvoll von seiner Statur, aber innerlich verwirrt und traurig. Er stammt von einem fernen Planeten und hat eine ganz besondere Aufgabe. Und diese Aufgabe muss er finden, spüren. Er weiß es, kann es aber nicht spüren, und niemand darf es ihm sagen, weil er diese Erkenntnis selbst sammeln muss. Und er ist unglücklich, weil er anders aussieht wie die anderen Drachen und sich nirgends heimisch fühlt, auch nicht innerhalb seiner eigenen Familie. Das liegt daran, weil er von Gott auserwählt wurde und im Gegensatz zu den anderen Drachen von einem anderen Planeten stammt. Er bemerkt nicht die bewundernden liebevollen Blicke der anderen Drachen, sondern sieht nur, dass er anders aussieht wie seine Familie und erkennt dadurch nicht seine Besonderheit und zieht sich immer mehr zurück.

Auch an jenem Tag. Er zog sich zurück an einen Wasserplatz mit türkisfarbenem Wasser, einem Wasserfall in *allen Regenbogenfarben, und über dem Wasser tanzende weiße Schmetterlinge im Spiel, und dachte nach. Und dann sah er eine magische Erscheinung – ein wunderschönes Einhorn: Anaisha. Sie stand einfach da und schaute ihn an, einen Drachen von einer Schönheit und Besonderheit, wie er ihr noch nie begegnet war. Sie schauten sich sehr lange an.*

Schließlich ging Anaisha auf Adragon zu und fing ein Gespräch an, denn sie sah, dass der Drache traurig war. Und er erzählte es ihr, und sie schaute ihn voller Verwunderung an, sah in seine Augen, seinen wundervollen Weg und seine Größe, und auch, dass er sein Herz vor lauter Kummer über sein Anderssein verschlossen hatte und sich nicht mehr spüren konnte.

Ab diesem Tag trafen sie sich regelmäßig. Adragon verspürte nach und nach Freude, war verzaubert von der Schönheit Anaishas, genauso, wie Anaisha immer mehr dem Zauber Adragons erlag. Und es bildete sich eine starke Liebe zwischen den beiden. Und durch die Liebe Anaishas konnte sich Adragon immer mehr spüren. Er sah, was auch Anaisha von Anfang an in Adragons Augen gesehen hatte: dass sie einen gemeinsamen Weg und eine gemeinsame Aufgabe hatten. Ein Drache und ein Einhorn.

Einst wurde in Lemurien in der Stadt der Seher eine Prophezeiung erstellt. Diese berichtete von einem Einhorn und einem Drachen. Wenn der weiße Drache und das wei-

ße Einhorn aufeinandertreffen, die Liebe zwischen sich zulassen und diese Kombination von reiner bedingungsloser Liebe mit der Kraft, Stärke und Anmut als Symbol für eine neue Welt zusammen wirken lassen würden, ist es so weit: Dann kann die Siebte Dimension ihre Tore wieder öffnen. Und das geschieht zurzeit.

Anaisha öffnete das Herz von Adragon, und über diese Liebe erkannte Adragon seinen Weg. Einen sehr ungewöhnlichen Weg. Ein Drache und ein Einhorn, gemeinsam durch die Dimensionen wandernd. Beide Krieger des Lichts. Bedingungslose Liebe in Kombination mit Stärke, Kraft, Weisheit und Anmut. Die Liebe zwischen den beiden ist das Symbol für die Neue Zeit. Sie öffnet Tore und ermöglicht die Rückkehr der alten Familien der Drachen und Einhörner auf Erden. Und Anaisha und Adragon öffneten die bis jetzt verschlossenen Türen.

Diese Kraft können nur Liebende entwickeln, denn Tore lassen sich nicht ohne weiteres öffnen, sondern nur unter bestimmten Bedingungen. Doch beide nahmen ihre Aufgabe an und ließen diese ungewöhnliche Liebe zu. Dann geschehen Wunder. Und das ist der Anfang. Und ich, Kassandra, bin Zeugin dieses Wunders, denn ich bin eine Grenzgängerin und überall und nirgends zu Hause. Ich begleite die beiden manchmal während ihren Wanderungen. Sie haben viel zu tun, denn sie bereiten die Rückkehr der großen Familien der Einhörner und Drachen vor, und damit die Rückkehr des Zaubers auf Erden.

Freut euch, es wird wahrlich zauberhaft. Ein wunderschöner Planet mit Menschen, die sind wie die Kinder, und um sie herum Wesen, die nicht von diesem Planeten zu sein scheinen, es aber dennoch sind.

Warum macht ihr es euch so schwer mit der Liebe? Die Liebe ist ein Geschenk und keine Bürde. Wenn ihr die Liebe bedingungslos zulasst, entstehen Wunder in eurem Leben. Wunder. Verschließt ihr euch der wahren Liebe, entsteht viel Kummer in eurem Leben. Ja, mit der Liebe tut ihr euch schwer.

Aber ich, Kassandra, die Grenzgängerin, sage euch: Im Neuen Zeitalter gibt es keine Einsamkeit mehr, und jedem, der alleine ist, wird die Liebe zugeführt. Ich bin hin und wieder auf der Ebene der Erzengel und Aufgestiegenen Meister, und manchmal werde ich eingeladen und darf dabei sein, wenn der Karmische Rat tagt. Weil ich eine besondere Katze bin und viel beobachte, lädt mich ab und zu der Karmische Rat ein und lauscht meinen Erzählungen. Und neulich ging es um eine Besprechung über die menschliche Liebe. Es wurde getagt, weil so viele von euch leiden und alleine sind. Und ich sage allen, die einsam und alleine sind: Die Liebe kommt. Und ich sage allen, deren Partnerschaft eine Herausforderung ist: Heilung findet statt.

Deswegen ist die Liebe zwischen Anaisha und Adragon auch ein Symbol für Liebende an sich. Lasst die Er-

fahrung einer tiefen Liebe zu, sonst verzögert sich alles, und ihr könnt euren Weg nicht finden. Ich bin Kassandra, die Grenzgängerin, und ich bin eine besondere Katze. Es war mir sehr wichtig, euch diese besondere Geschichte zu erzählen.

Ich verabschiede mich jetzt, lege mich wieder aufs Sofa, rolle mich hinein in die Kissen, schnurre und freue mich darüber, dass ich in diesem Buch erscheine. Denn dieser Platz steht mir zu. Ich bin eine würdige Katze.

Und wenn ihr einer dunkelblauen Katze begegnet, die aus dem Nichts auftaucht und sich von euch streicheln lässt und dann wieder im Nichts verschwindet, könnte ich es gewesen sein.

Ich, Kassandra, die Grenzgängerin.

Geschichten aus dem Königreich der Naturgeister

Verborgenes, nicht sichtbar, doch seit Anbeginn der Zeiten mit euch verbunden. Ihr könnt es nicht sehen, es ist verborgenes, mystisches Land. Königreiche, unermesslich groß, euch nur bekannt aus Sagen und Märchen – sie sind wahr.

Feenreiche, Land der Elfen, in den Bergen viele Königreiche der Zwerge. Mystisches Land möchte sich jetzt zeigen, seine Pforten öffnen und euch hineinlassen, der einstige Mensch, göttlich, der einstige Mensch, verloren, sich vergessend, und jetzt der wiedererwachte göttliche Mensch auf Erden. Deswegen öffnen sich Pforten aus allen Himmelsrichtungen und die Tore zu den Verborgenen Reichen:

Drei Tore im Westen , die Tore von Sarapar.
Drei Tore im Süden, die Tore von Trapar.
Drei Tore im Osten, die Tore von Ostragan.
Drei Tore im Norden, die Tore von Nasam.

Zwölf Tore öffnen sich, parallel zu den zwölf Toren der Goldenen Stadt, und hinter jedem Tor verbirgt sich Erhabenes, auf den Moment wartend, in dem das Dunkle weicht.

Hinter jedem Tor befinden sich zwölf Hüter, mächtig furchterregend, gefahrvoll für den, der sich nicht mit reinem

Herzen nähert. Die Hüter sind nicht von dieser Welt. Nicht Mensch, nicht Tier, nicht Elementar. Sie kommen von fernen Planeten und wurden für diese Aufgabe ausgebildet. Ohne sie wären diese Reiche verloren.

Jeder, der diese Tore passiert, muss das geheime Wort aussprechen. Dieses ist jedoch noch im Verborgenen und offenbart sich erst in eurem Herzen.

Hinter jedem der zwölf Hüter befinden sich zwölf Wege, und jeder dieser Wege führt zu einem weiteren Tor, hinter dem sich ein Königreich befindet, in dem sich Verborgenes wieder zeigt, doch nur dem Menschen, der reinen Herzens ist. Es kann nur der Mensch diese Tore sehen, der durch die Prüfungen des Herzens gegangen ist und sich erinnert.

An dieser Stelle möchte König O'Gharal aus seinem Königreich, einem Elfenreich, erzählen:

Ich, O'Gharal aus einem fernen Königreich, und doch so nah. Mein Königreich ist schön, erhaben und prachtvoll, der Palast in Fels und Wald gebaut, oder umgekehrt: Fels und Wald bilden meinen Palast. Mein Königreich passt sich der Natur an. Unsere Häuser schmiegen sich in die Natur, und deswegen leben wir so prachtvoll. Hallen aus natürlichen Felsen und Bäumen, Hunderte von Me-

tern hoch getragen. Alles ist natürlich prachtvoll, glitzernd. Und da wir Lady Gaia sehr ehren und achten, sind wir reich beschenkt.

Wir sind friedvoll und liebend, sanft im Gemüt. Von der Statur hoch gewachsen, euch sehr ähnlich. Grazil und doch kraftvoll. Liebevoll in Gestik und Mimik. Wir unterhalten uns oft telepathisch miteinander und stehen so immer alle miteinander in Verbindung. Und wir sind in liebevoller Verbindung zu den anderen Königreichen der Elementare, Naturgeister und Tiere.

Mein Königreich hat eine riesige Bibliothek, in der unter anderem die Geschichte der Menschheit aufbewahrt ist. Wir sind sehr fröhlich und gesellig, aber wir haben auch sehr viel mitgemacht. Einst waren die Tore geöffnet, und wir konnten uns gefahrlos bewegen. Dies war in den Goldenen Zeitaltern. Mit dem Eintritt der Dunkelheit auf Erden wurden auch wir von Kriegen heimgesucht.

Mein Königreich war einst viel größer, bis die dunklen Mächte uns heimsuchten. Zwietracht wurde zwischen den verschiedenen Königreichen geschürt. Einst liebevolle Bewohner auf Erden fingen an, sich zu bekriegen. Es entstanden Lebewesen auf Erden, gezüchtet in Laboren, die unsere Spezies komplett vernichten wollten. Denn Menschen können uns nicht töten, da Menschen Emotionen haben. Deswegen wurden Lebewesen ohne Emotionen gezüchtet.

96

Es waren fürchterliche Zeiten. Ich musste viele Kriege führen und verlor fast alles, was ich liebte. Ihr müsst bedenken, wir sind von Natur aus unsterblich und können unbegrenzt in unserem Körper bleiben. Trotzdem sind wir verletzlich und können getötet werden. So verlor ich zwei meiner geliebten Söhne und meinen geliebten Bruder. Deswegen kann ich nicht sagen, auch wenn ein Teil meines Königreiches noch besteht, dass ich gewonnen habe. Diese Kriege waren ohne Siege. Es ging nur ums Überleben.

Gott griff ein. So kam die Sintflut, und mit dieser Sintflut wurden auch viele dieser Züchtungen aus den Laboren vernichtet. In meinen Träumen werde ich noch oft von diesen Kriegen heimgesucht. Viele Königreiche sind im Verborgenen, und trotzdem sind sie euch nicht unbekannt. In euren Geschichten, Sagen und Märchen könnt ihr uns finden. Unsere Geschichten wurden in Mythen gepackt, deswegen liebt ihr diese Mythen. Sie wecken eure Sehnsucht nach einst vergangenen Zeiten.

Und ich sage euch: Die Tore werden sich öffnen, aber erst, wenn das Dunkle sich komplett zurückgezogen hat. Vereinzelt könnt ihr schon zu uns reisen. Wir laden euch ein, denn wir kennen euch. Wir sind uns alle schon einmal begegnet.

Ich bin kein unbekannter König. Mein Land ist sehr beliebt, auch wegen seiner vielen Heilquellen und Verjüngungstempel. Wir bringen euch das Wissen über die

Verjüngung des Körpers wieder, und wir sind nicht die Einzigen, die euch das bringen. Ich bin alt an Jahren, doch jung im Aussehen. Mein Volk sowie die anderen Königreiche warten voller Sehnsucht darauf, endlich unsere Tore zu öffnen. Dann könnt ihr zu uns reisen, und ich kann euch von vergangenen Zeiten erzählen, als die Dunkelheit das Land heimsuchte, und wie nach der Dunkelheit wieder das Licht kam. Und ich kann euch erzählen, wie sich die Erde in eine neue Erde mit einem neuen Menschen wandelte, und auf dieser Erde war es nicht mehr dunkel, gab es keine Nacht mehr, da die Menschheit das Dunkle endgültig transformiert hatte und wieder heimgekehrt war.

Und aus dem einstigen Planeten, der immer mehr in die Dunkelheit abstieg und auf dem sich Grausames abspielte, erhob sich der Mensch zu einem strahlend göttlich erwachten Menschen auf Erden. Und die Königreiche konnten sich wieder miteinander verbinden, nicht nur die Königreiche auf Erden, nein, auch die der verschiedenen Planeten und Universen.

Wenn ihr wüsstet, wie bunt euer Leben wird. Wie viele liebevolle Wesen auf diesem Planeten wandeln werden. Im wahrsten Sinne des Wortes: ein Garten Eden.

Wir werden uns begegnen. Ich freue mich auf euren Besuch.

Ich, O'Gharal, habe zu euch gesprochen.

Nachwort

Die Geistige Welt bedankt sich bei den Lesern dieses Buches.

Wir bitten euch: Schreitet weiter voran in dieser Übergangszeit. Nehmt eure Visionen ernst. Wir unterstützen euch dabei. Ihr tragt die Mosaiksteine und die Lösungen in euch. Vertraut, schreitet weiter voran. Bleibt im Einklang mit eurem Seelenplan und öffnet euer Herz.

Die Geistige Welt kennt jeden Einzelnen von euch und verneigt sich vor dir.

Im Anhang findet ihr noch einige Energiebilder. Taucht in sie ein – lasst sie euer Herz öffnen.

Visionen für eine Generation – Die neuen Strukturen

Jeshua

Die Liebe Gottes

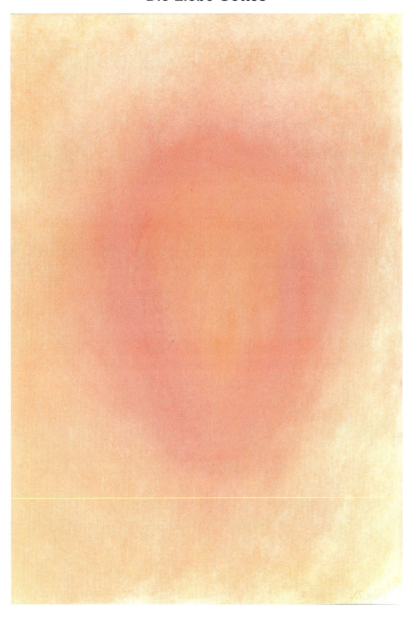

Lady Gaia

Kristallstadt der Träumenden

Anaisah und Adragon

Leila Eleisa Ayach

Seelenverträge - Absprachen in Liebe

152 Seiten, A5, broschiert

ISBN 978-3-941363-24-3

Wir fühlen uns oft machtlos einem Schicksal ausgeliefert, verstehen nicht, was mit uns geschieht, sind verwirrt, verzweifelt und traurig. Wir haben unsere Seelenverträge vergessen, nur:
Seelenverträge – was bedeutet das?

Jeder von uns hat sich vor seiner Inkarnation auf der Erde einen Seelenplan festgelegt, in dem jede Herausforderung festgeschrieben ist, die unsere geistige Entwicklung fördert und uns auf den Weg zum Erwachen führt. Die Geistige Welt weiß um unsere Ängste und Nöte, unsere Herausforderungen, aber auch um unsere Sehnsüchte, Ziele und Wünsche, und möchte uns helfen zu verstehen, warum wir bestimmte Erfahrungen in unserem Leben machen. Letztendlich geht es darum, im Einklang mit der Schöpferkraft und dem höchsten göttlichen Plan des Lichts zu leben – und die Schöpferkraft voll und ganz im Leben wirken zu lassen.

Leila Eleisa Ayach

Seelenverträge Band 2 und 3

168 Seiten, A5, broschiert

ISBN 978-3-941363-44-1

Band 2:
Die Bedeutung des spirituellen Mentors auf dem Weg zum Erwachen
„Dieses Mal habt ihr Hilfe in Form eines menschlichen Mentors, der vor euch den Weg gegangen ist und um die Tücken und Herausforderungen des spirituellen Wegs, die Läuterungsprozesse und um die Dunkelheit weiß, über die der Schleier des Vergessens bisher lag. Er begegnet euch zur rechten Zeit, wie es verabredet war, und er hilft euch zu erkennen, was Wirklichkeit und was Dualität ist."

Band 3:
Jeshua und das Goldene Jerusalem
„Die Menschheit tritt ein in das Zeitalter des Goldenen Jerusalems, das symbolisch für den göttlich erwachten Menschen auf Erden steht. Es ist die Rückkehr des Menschen ins Paradies, in den Garten Eden. An dem Tag, an dem eine bestimmte Anzahl von Menschen weltweit erwacht ist, ist Lady Gaia geheilt. An diesem Tag habt ihr eine neue Erde und einen neuen Himmel."

Sarinah Aurelia

Seelenverträge Band 4 und 5

144 Seiten, A5, broschiert

ISBN 978-3-941363-77-9

Band 4: Die Übergangsphase
Viele Menschen sind längst eingetreten in die goldene Stadt, doch einige von euch sind noch nicht einmal erwacht. Das heißt, ihr befindet euch in der neuen Energie, und doch wieder nicht. Und wenn ihr aus der Schwingung gleitet, schmerzt euer Körper und eure Seele weint.
Ihr gleitet leicht ab, da viele noch nicht so weit sind und ihr ihnen helfen wollt. Dafür müsst ihr aus eurer Schwingung heraus, um sie mit hochzuziehen, und das bedeutet für euch Gefahr. Wir wissen dass, daher möchten wir nun eingreifen, denn die Geistige Welt hat hier eine Planänderung vorgesehen.

Band 5: Die Geheimnisse, die in euch schlummern
In der Welt, in der ihr lebt, entstehen wieder neue Welten, uralte Welten, die ihr alle gekannt habt, als ihr noch Kinder wart.
Eine dieser Welten heißt Shambala, ein uraltes Wort mit viel Zauber darin. Aber wie geht es weiter, fragt ihr? Ihr tragt die Lösungen in euch, ihr seid voller neuer Ideen. Ihr tragt euren Ursprung vereint mit dem SEIN in die Welt hinaus.
Und wir nehmen euch wieder an die Hand, wir begleiten euch weiter durch diese Schriften. Es sind versteckte Kodes in ihnen enthalten, die deine Seele erkennt, und es geht für dich wieder eine Tür auf.

Leila Eleisa Ayach & Sarinah Aurelia

Seelenverträge Band 6 und 7

248 Seiten, broschiert

ISBN 978-3-95531-004-2

Band 6:
Die Zeit der Rosenblüten
Der Weg ist das Ziel, die Reise aber wird nie zu Ende sein!
Der Dienst am Licht hat viele Gesichter, und die stillen Helden sind diejenigen, die an der Brücke stehen, um den Nachfolgenden zu helfen, die sonst womöglich nicht einmal erwacht wären!

Band 7:
Der Eintritt in die Vollkommenheit
Wir haben dem Schöpfungsprozess zugestimmt, sind in die Absicht gegangen, unseren Seelenplan zu verwirklichen, und nun stehen wir hier und fragen uns: Wie setze ich es um?
Es ist leichter als wir denken, und die Geistige Welt hilft uns dabei. Denn nur das Leben und die Verwirklichung unserer Herzenswünsche in die Materie bringt die Vollkommenheit. Deswegen sind wir auf Erden.

Carolin Schade
Thoth & Mutter Erde
Pachamama – Einheit und Alles-was-ist
432 Seiten, A5, gebunden, mit Leseband
ISBN 978-3-941363-86-1

Viele Menschen haben heutzutage den Anspruch und den Druck, ihr eigenes Leben allgemein verstehen zu wollen. Den meisten fehlt es an Mut, nachhaltige Veränderung zuzulassen, da sie Angst haben, ihre gewohnten Strukturen und Sicherheitssysteme loszulassen. Das Bewusstsein der Reintegration von Leben auf allen Bereichen des Seins steht im Vordergrund dieses Buches.
Es gibt uns die Möglichkeit, energetisch (unterbewusst) und menschlich (bewusst) zu verstehen, da bereits Energiearbeit bewirkt wurde, die wir beim Lesen erfahren werden. So erhalten wir die Gewissheit, dass spirituelles Sein unsere Normalität bedeutet, wir begreifen die menschlichen Formen in Verbindung zu unserer energetischen Natur und dass sogenannte Wunder und Andersartigkeit ein Wegweiser in die Glückseligkeit des Seins unter dem Regime des Geistes sind.
Alles ist jederzeit verfügbar. Wir müssen nur wagen, diese uns meist vertrauten Aussagen in ihrer wahrhaftigen Form anzunehmen.

Tef Fonfara
Die Kraft der spirituellen Transformation
Humor, Harmonie, Heilung
288 Seiten, A5, gebunden, mit Leseband
ISBN 978-3-941363-84-7

Tef Fonfara erzählt humorvoll, warum wir in der weltlichen Realität die wesentlichen Dinge nicht sehen können, welche Kraft die Gedanken haben und wie wir sie wirksam machen können. Die Freundschaft zu einem Raben ist der Anfang einer Ereigniskette um Wahrnehmungen, die bisherige Denkmuster als ungültig erklären. Der Autor beschreibt feinstoffliche Gesetze, die ihre geheimnisvolle Wirkung haben. Er erklärt unterhaltsam esoterische Prinzipien und geht tief ins Detail: Jeder kann sich heilen. Jeder kann die Welt verändern. Und es geht um mehr, denn Humor, Harmonie und Heilung bedeuten dasselbe. Wir werden erinnert, dass wir nur unsere göttlichen Fähigkeiten vergessen haben und wer wir eigentlich sind.

Andrea Kraus
Aufstieg ist Illusion!
Erwecke das Gottes-Gen in dir
288 Seiten, A5, gebunden, mit Leseband
ISBN 978-3-95531-032-5

Wir sind in Berührung mit dem spiralförmigen Lichtuniversum der Zentralsonne, und es haben sich völlig neue Lichtdimensionen des Kosmos für uns geöffnet, deren Potenziale JETZT HIER sind. Daher ist der sogenannte „Aufstieg" ist nicht mehr länger unser Ziel. Etwas GANZ und gar Neues ist entstanden und entwickelt sich rasant in den nächsten Jahrzehnten auf der Erde und innerhalb der Menschheit.
Wir tauchen ein in das neue, spiralförmige Bewusstsein und dringen so innerhalb des Prozesses schon in absehbarer Zeit bis zur 12. Dimension vor, die wir nunmehr als frei zugänglich vorfinden!
Also sind wir gerufen, unsere Lichtkörper zu aktivieren und mit Hilfe der Energien unsere DNS weiter zu entkodieren, um einen „einflussreichen" Schutz zu haben.

Ralph-Dietmar Stief
Die NEUE ENERGIE
Raus aus dem Hamsterrad
168 Seiten, A5, broschiert
ISBN 978-3-95531-029-5

Wir befinden uns inmitten einer neuen Zeitepoche, in der alte Strukturen immer mehr auseinanderbrechen. Die Dinge „funktionieren" nicht mehr wie gewohnt, und der menschliche Verstand stößt immer mehr an seine Grenzen.
Gleichzeitig finden wir gehäuft „seltsame" Phänomene in allen Lebensbereichen vor, und Lösungen treten auf unvorstellbare Weise in Erscheinung.
Verantwortlich dafür ist die NEUE ENERGIE, die keine begrenzende Polarität mehr erzeugt, sondern auf pure Ausdehnung gerichtet ist.
Anhand authentischer Beispiele wird klar und verständlich aufgezeigt, wo die bisherige Realität ihre Grenzen hat und wie uns jetzt die NEUE ENERGIE unmöglich erscheinende Wege eröffnet – zu einem erfüllten Leben, in dem wir unsere Wünsche schnell umsetzen und leben können.